中咨研究系列丛书

2017—2020

全国产业转型升级示范区发展报告

主 编◎苟护生　　副主编◎童章舜　窦 皓

人民东方出版传媒
People's Oriental Publishing & Media
东方出版社
The Oriental Press

图书在版编目（CIP）数据

全国产业转型升级示范区发展报告：2017—2020／苟护生主编；
童章舜，窦皓副主编. —北京：东方出版社，2022.4
（中咨研究系列丛书）
ISBN 978-7-5207-2706-8

Ⅰ.①全… Ⅱ.①苟…②童…③窦… Ⅲ.①产业结构升级—示范
区—产业发展—研究报告—中国—2017-2020 Ⅳ.① F269.24

中国版本图书馆 CIP 数据核字（2022）第 041518 号

全国产业转型升级示范区发展报告（2017—2020）
（QUANGUO CHANYE ZHUANXING SHENGJI SHIFANQU FAZHAN BAOGAO（2017—2020））

主　　编：苟护生
副 主 编：童章舜　窦　皓
策划编辑：姚　恋
责任编辑：朱兆瑞
出　　版：东方出版社
发　　行：人民东方出版传媒有限公司
地　　址：北京市西城区北三环中路 6 号
邮政编码：100120
印　　刷：北京联兴盛业印刷股份有限公司
版　　次：2022 年 4 月第 1 版
印　　次：2022 年 4 月北京第 1 次印刷
开　　本：710 毫米 ×1000 毫米　1/16
印　　张：14
字　　数：170 千字
书　　号：ISBN 978-7-5207-2706-8
定　　价：58.00 元
发行电话：（010）85924663　85924644　85924641

▲ 从 2008 年北京夏季奥运会首钢集团涉钢产业搬迁到 2016 年冬奥组委入驻首钢园区，从钢花四溅、钢水奔流的炼钢厂到如今集科技、文旅、体育等多种产业于一身的新首钢园，百年首钢已华丽转身为冬奥公园、科幻产业集聚区和工业文化旅游区。图为首钢园区一角远眺

▲ 唐山开滦，堪称中国近代工业的活化石。2008 年建成的开滦国家矿山公园不仅是唐山的城市亮点和百姓休闲场所，也是一个可以拾回记忆的地方。图为游客在公园井下观光探秘

▲ 位于长治市的山西潞安太阳能科技有限责任公司推行工业智能化应用，减轻了工人负担，精简了工作流程，提高了工作效率。图为该公司的智能化生产线

中车唐山公司，迄今已走过 140 余年的发展历程。近些年来，企业坚持科技创新，一直在积极开展数字化转型，通过智能化和数字化，企业实现高质量发展。图为该公司转型升级后的数字化总组生产线

▲ 位于长治市的山西中科潞安紫外光电科技有限公司已成为国际上仅有的集核心装备、核心材料、芯片制造、封装应用于一体的深紫外 LED 企业。图为该公司的芯片生产现场

▲ 沈阳新松机器人自动化股份有限公司让"机器人造机器人"，已创造百余项行业第一，形成了具有自主知识产权的五大系列百余种产品。图为该公司智慧园数字化车间一角

▲ 长春市第八届汽车行业职业技能竞赛暨一汽模具制造有限公司第十一届职工技能大赛现场，这次大赛得到长春市 12 个重点高校和科研院所的联合支持

▲ 近年来，吉林省松原市积极推进查干湖保护和生态修复，实行退耕还草、农村环境综合整治、环湖生态隔离带和缓冲带及周边湿地恢复，筑牢吉林西部生态屏障带。图为修复后的查干湖南湖景观

▲ 吉林市致力于打造"中国碳谷"，紧抓碳纤维产业高速发展的机遇期，全力推进产业转型升级示范区建设。图为吉林国兴碳纤维有限公司 25K 碳纤维生产线

▼ 采煤塌陷地生态修复治理的典范——徐州市贾汪区潘安湖。以前，这里是绿矿集团权台矿和旗上矿的采煤塌陷区域，破败荒芜。2010 年 3 月，江苏省总体投资最大的一宗土地整理项目在此启动。如今当地建成了一个有着 6500 亩湖面、3500 亩湿地面积的国家级水利风景区

▲ 徐州工程机械集团有限公司作为全球信赖的工程装备解决方案服务商，携 120 台套创新机械设备参加 2018 年上海宝马工程机械展，多款智能化、无人操控的新产品首度亮相

▲ 铜陵市是我国重要的铜工业基地之一，2009 年被国务院批准列入全国第二批资源枯竭城市。铜陵有色集团公司近五年来快速高质量发展，一跃跻身世界 500 强（2021 年名列第 407 位）。图为国家新材料基地重点企业金隆铜业铜板带车间

▲ 作为资源枯竭型城市，铜陵在推进产业转型升级的过程中，努力践行生态文明，打造循环经济示范市。图为铜陵经济技术开发区循环产业园全景

▲ 山东省淄博市实施金融赋能产业发展行动，各金融机构不断创新服务模式，全力破解小微企业融资难、融资贵问题，以金融活水赋能产业发展。图为集聚了当地各类金融服务机构的淄博金融中心

▲ 作为中国氟硅行业的龙头，淄博市山东东岳集团紧紧围绕科技创新这条主线，着力打造智能制造新引擎，在经济新常态下焕发出勃勃生机。图为东岳集团智能监控系统平台

▲ 2019年1月22日，河南煤炭储配交易中心鹤壁煤炭产业园区投运，河南省借此推动煤炭行业从生产重工业向新型物流现代服务业转型升级。图为河南煤炭储配交易中心鹤壁煤炭产业园区集中控制室

▲ 随着矿源日益枯竭，有 1000 多年开采史的湖北大冶铁矿开启了绿色转型发展之路。2007 年世界地球日，黄石国家矿山公园开园，成为中国首座国家矿山公园。如今，黄石国家矿山公园已成为当地的一张亮丽名片，为老工业基地转型升级注入了强大活力

▲ 2021 年，湘钢积极推进"智慧工厂"建设，荣获湖南省第一批"5G+ 工业互联网"示范工厂称号，"华菱湘钢 5G 智慧工厂"项目成功入选工信部 5G 案例集。图为华菱湘钢厂区的智慧中心

▼ 地处湖南省娄底市的华菱涟钢，年产钢规模 1000 万吨以上，是国家高新技术企业。涟钢技术装备总体达到国内先进水平，坚持新发展理念，致力于建设更高水平的资源节约型、环境友好型钢厂，持续打造生态钢城。右图为 20 世纪 90 年代初的涟钢全景，下图为现在的涟钢全景图

▲ 在广东省韶关市"厂区变园区、产区变城区"工作的推动下，作为韶关龙头企业、工业名片的韶钢以绿色发展为引擎，加快企业高质量发展进程，形成了绿色韶钢、七彩韶钢、人与自然和谐共生的新形态。图为位于韶钢园区一角的"717大食堂"

▼ 四川省自贡市是我国著名的"千年盐都"。图为入选国家工业遗产名单的自贡井盐—燊海井

▼ 四川省宜宾市实施长江生态综合治理工程，投资 150 亿元对 192 公里沿江岸线进行生态修复，通过搬迁、关停沿江轻工和化工等企业，关闭造纸作坊，改造沿岸棚户区，拆除非法码头，取缔砂石堆场、餐饮趸船等，改善沿江生态环境。图为长江江景一隅

▼ 重庆工业博物馆位于重庆市大渡口区，依托重钢原型钢厂部分工业遗存建设而成，由主展馆、"钢魂"馆以及工业遗址公园等室内外公共空间工业展品装置式陈列共同构成。图为重庆工业博物馆全景

▲ 近年来，地处贵州省六盘水市的水城钢铁（集团）有限公司坚持绿色发展理念，通过技术改造变废为宝。水城钢铁加强与市区政府部门协同，通过余热回收实现了六盘水市区首批 10 所学校及 8 个小区的集中供暖。图为受惠于水钢余热回收的钟山区第十五小学

▲ 贵州省六盘水市立足资源禀赋优势，规模化发展山地特色农业。图为水城区猴场乡规模化种植猕猴桃园

编写人员

主　　编　苟护生

副 主 编　童章舜　窦　皓

编写人员　周建平　王心同　杜贞利　许　欣
　　　　　　刘太平　张　超　曹　原　王晓璞
　　　　　　周景川　孙悦群　韩信美　孟　群
　　　　　　王一童　张庆杰　王书华　王成金
　　　　　　吕　铁　杨文博　周　磊

序　言

　　"一五"、"二五" 和 "三线" 建设时期，国家布局建设了一大批煤炭、石油、电力、钢铁、有色、化工、轻工、机械、医药、军工等重要工业项目，奠定了我国国民经济的发展基础。这些工业项目的建设，为我国建立形成门类齐全、独立完整的工业体系作出了重要贡献，同时也推动了一批城市的工业化进程，逐渐形成了一批老工业城市和资源型城市。

　　这些城市发展初期以重工业项目布局为主。依托工业发展起来的老工业城市和资源型城市多以原材料和基础性产业为主导产业，发展方式比较粗放，且呈现明显的重化工产业结构特征。改革开放后，我国从计划经济体制向社会主义市场经济体制转变，国民经济总体呈现较快增长趋势，但老工业城市和资源型城市因产业结构调整缓慢，逐渐出现传统产业优势减退、创新能力不强、新兴接替产业培育不足、产业竞争力普遍下降等问题，成为制约国民经济发展的一大因素。

　　党中央、国务院一直非常重视东北地区等老工业城市的转型发展。1997 年党的十五大报告首次提出 "加快老工业基地的改造"。2002 年党的十六大报告要求 "支持东北地区等老工业基地加快调整和改造"。2003 年，《中共中央国务院关于实施东北地区等老工业基地振兴战略的若干意见》公开印发。2013 年，国务院批复《全国老工业基地调整改造规划（2013—2022）》，将全国 120 个老工业城市（其中的 95 个为地级市）列为调整改造对象，以转变经济发展方式为主线，以优化产业结构为主题，以完善和提升城市功能为引领，统筹推进全国老工业基地的产业转型升级。同年 11 月，国务院印发《全国资源型城市可持续发展规划（2013—2020）》，把全国 262 个资源型城市（区）划分为四类，提出了分类发展的意见。

2017 年 3 月，习近平总书记在参加十二届全国人大五次会议辽宁代表团审议时指出，老工业基地要重点抓好产业转型升级，形成具有持续竞争力和支撑力的工业体系。2016 年 3 月，《中华人民共和国国民经济和社会发展第十三个五年规划纲要》（简称"十三五"规划纲要）提出"建设产业转型升级示范区，推进先进装备制造业基地和重大技术装备战略基地建设"。2016 年 4 月，《中共中央国务院关于全面振兴东北地区等老工业基地的若干意见》对外发布，提出"设立老工业基地产业转型升级示范区和示范园区，促进产业向高端化、集聚化、智能化升级"。2016 年 11 月，《国务院关于深入推进实施新一轮东北振兴战略 加快推动东北地区经济企稳向好若干重要举措的意见》公开发布，进一步提出"建设一批产业转型升级示范区和示范园区"，加快传统产业转型升级。

为贯彻党中央、国务院的决策部署，2016 年以来，国家发展改革委联合科技部、工业和信息化部、自然资源部和国家开发银行（简称国家发展改革委等五部门）启动产业转型升级示范区创建工作，重点支持基础条件好、转型发展成效显著的城市，设立了 20 个产业转型升级示范区（简称示范区），鼓励示范区城市改革创新、先行先试，加快探索老工业城市转型升级的模式与路径，尽快形成一批可复制和推广的典型经验和做法，为全国老工业城市和资源型城市的转型发展作出示范。2021年，为推进县城城镇化，加快补短板、强弱项工作，国家发展改革委等五部门又支持建设了20个县城产业转型升级示范园区（简称县城示范园区）。

2017年以来，国家相关部委印发了一系列文件，构建了支持示范区建设的政策体系。示范区城市聚焦实体经济发展，坚持科技创新驱动，注重生态环境保护，形成了一系列可在全国老工业城市和资源型城市中复制推广的经验和做法。在产业发展方面，注重发挥资源优势、比较优势和区位优势，以产业园区为载体发展产业集群，充分发挥当地优势资源的引领作用，大力培育上下游产业链，推动传统优势产业从价值链中低端迈向中高端。在创新驱动发展上，积极探索"两化""两业"融合、产学研用合作新模式，积极建设公共创新平台、公共服务平台和技术技能人才培养平台，加快科技成果转化，产业竞争力得到较大提升。同时，不断改善城市发展环境，完善城市功能，提升产业承载能力，加强污染治理、生态修复和工业遗产保护，全面改善环境质量，推动城市绿色低碳发展，示范区城市的影响力和示范带动作用不断增强。

为全面总结"十三五"时期示范区的产业转型升级成效，促进"十四五"期间示范区高质量发展，更好地引领和带动全国老工业城市和资源型城市转型升级，国家发展改革委地区振兴司委托中国国际工程咨询有限公司（简称中咨公司）编制了《全国产业转型升级示范区发展报告（2017—2020）》（简称《发展报告》）。

《发展报告》共分六章。第一章介绍了示范区的设立背景，第二章简述了 20 个示范区的基本情况，第三章概述了示范区的工作机制，第四章分析了示范区城市的经济发展与重点产业情况，第五章总结了示范区形成的典型经验和做法，第六章提出了"十四五"期间示范区的发展展望。

在报告编写过程中，国家发展改革委地区振兴司给予了积极指导，示范区所在省（区、市）和示范区城市发展改革部门给予了大力支持，提供了大量照片、数据和案例。国家发展改革委地区振兴司原司长周建平、国家发展改革委国土开发与地区经济研究所副所长张庆杰、中国科学技术发展战略研究院研究员王书华、中国科学院地理科学与资源研究所研究员王成金、中国社会科学院工业经济研究所研究员吕铁作为编写组成员，为本书的出版作出了重要贡献，在此一并表示感谢。

编者

2021 年 12 月

目 录

第四章 总体发展成效 ···························· 061

第一章

建设背景

　　我国老工业城市和资源型城市多是在"一五"、"二五"和"三线"建设时期国家重点布局建设的，以重工业骨干企业为依托逐渐聚集形成。由于历史原因，这些城市产业结构偏重，产业链短且层次不高，产业集约化程度低，市场竞争力不强。在我国从计划经济体制向社会主义市场经济体制转变后，这些城市逐渐出现主导产业优势减退、城市竞争力下降等问题。

　　我国老工业城市和资源型城市数量较多，产业基础各不相同，转型发展阶段和条件差异较大。国家有必要选择一批主导产业竞争力强、转型升级成效明显的城市，支持建成一批特色鲜明的先进制造业基地和区域性中心城市，通过示范带动、以点带面、率先突破的形式，形成一系列可复制可推广的经验和做法，为全国老工业城市和资源型城市树立典型标杆。

　　2016年3月，十二届全国人大四次会议审议通过"十三五"规划纲要，明确要求"支持在全国老工业城市建设产业转型升级示范区和示范园区"，并将此作为"十三五"规划纲要165项重大工程之一。2016年4月，《中共中央国务院关于全面振兴东北地区等老工业基地的若干意见》正式公开发布，提出"全面推进经济结构优化升级，设立老工业基地产业转型升级示范区和示范园区，促进产业向高端化、集聚化、智能化升级"的要求。2016 年 11 月，《国务院关于深入推进实施新一轮东北振兴战略 加快推动东北地区经济企稳向好若干重要举措的意见》对外发布，进一步提出"建设一批产业转型升级示范区和示范园区"，加快传统产业转型升级。

为贯彻落实党中央、国务院的战略部署，落实国家"十三五"规划纲要的具体要求，国家发展改革委等五部门联合印发《关于支持老工业城市和资源型城市产业转型升级的实施意见》（发改振兴规〔2016〕1966号）和《老工业城市和资源型城市产业转型升级示范区设立管理办法》（发改办振兴〔2016〕2372 号）（简称《示范区设立管理办法》），支持在纳入 2013 年国务院批复的《全国老工业基地调整改造规划（2013—2022 年）》（国函〔2013〕46 号）和《全国资源型城市可持续发展规划》（国发〔2013〕45 号）范围的地级市及以上城市中，建设一批产业转型升级示范区，并明确了产业转型升级示范区的申报条件和设立流程。

一、首批示范区

2017 年 1 月，国家正式启动首批产业转型升级示范区创建工作。17 个省区市编制并报送了产业转型升级示范区建设方案（简称建设方案）。国家发展改革委邀请编制建设方案的省区市发展改革委、国家有关部门和研究机构，召开产业转型升级示范区创建工作通气会，共同研究示范区创建工作。

中咨公司作为第三方机构，承担了首批产业转型升级示范区的咨询评估工作。首先，按照《示范区设立管理办法》要求，中咨公司从产业基础、工作推进、进展成效、示范意义、思路目标、改革和创新、园区布局与项目支撑、地方积极性等方面制定了专家评分细则。然后，按照《示范区设立管理办法》的总体要求和申报条件，中咨公司对 17 个省区市编制的建设方案进行了初步审核和问题梳理。

2017 年 2 月 21 日至 22 日，受国家发展改革委委托，中咨公司组织召开首批产业转型升级示范区专家评估会。与会专家对东北地区的辽宁省、吉林省、黑龙江省，中部地区的山西省、河南省、湖北省、湖南省、安徽省、江西省，西部地区的内蒙古自治区、重庆市、四川省、贵州省、宁夏回族自治区，东部地区的河北省、山东省、广东省共 17 个省区市编制的建设方案进行了评审。在评估会上，各省区市分别介绍了产业转型升级工作的推进成效，评审专家就示范区建设有关问题与各省区市参会代表进行了互动问答、质询和现场评分。

根据专家的评分结果，2017 年 4 月，国家发展改革委等五部门联合印发《关于支持首批老工业城市和资源型城市产业转型升级示范区建设的通知》（发改办振兴〔2017〕671 号）（简称《通知》），确定了首批 12 个产业转型升级示范区，具体包括：

- 辽宁中部（沈阳—鞍山—抚顺）
- 吉林中部（长春—吉林—松原）
- 内蒙古西部（包头—鄂尔多斯）
- 河北唐山
- 山西长治

- 山东淄博

- 安徽铜陵

- 湖北黄石

- 湖南中部（株洲—湘潭—娄底）

- 重庆环都市区（沙坪坝区、涪陵区、长寿区、江津区、合川区、永川区、铜梁区、荣昌区）

- 四川自贡

- 宁夏东北部（石嘴山—宁东）

《通知》还建议各省区市按照专家评审意见修改完善建设方案，落实分阶段的重点建设任务。同时，《通知》明确五部门将在产业政策、创新政策、投资政策、金融政策、土地政策等方面加大对示范区和示范园区建设的支持力度，提出研究建立示范区评价管理体系，开展示范区建设进展情况年度评估，切实推进全国产业转型升级示范区建设工作。

2017年4月21日，国家发展改革委召开首批产业转型升级示范区新闻通气会，介绍了示范区建设的背景和首批示范区的确定程序，并再次明确示范区建设工作的重点和后续支持政策与工作推进机制。中央电视台新闻频道《新闻直播间》节目对首批产业转型升级示范区的情况进行了报道。

二、第二批示范区

为加强对老工业城市和资源型城市产业转型升级的支持力度，结合

首批示范区推进工作的成功做法，国家发展改革委等五部门于 2019 年
2 月组织开展了第二批产业转型升级示范区的创建评估。

中咨公司按照《示范区设立管理办法》有关要求，会同相关部门拟
定了第二批产业转型升级示范区建设方案的编制大纲和评估指标体系。
2019 年 5 月，国家发展改革委地区振兴司组织召开第二批产业转型升
级示范区通气会，详细介绍了开展第二批示范区建设的工作背景，明确
了申报与评估要求。

2019 年 7 月 5 日至 6 日，中咨公司组织召开第二批产业转型升级
示范区专家评估会，对北京、大连、黑龙江、江苏、江西、河南、广
东、贵州、陕西、甘肃 10 个省（区、市）编制的建设方案进行评审。

根据专家评审结果，国家发展改革委等五部门联合印发《关于进一
步推进产业转型升级示范区建设的通知》（发改振兴〔2019〕1405 号），
批准北京京西、大连沿海、黑龙江大庆、江苏徐州、江西萍乡、河南西
部（洛阳—平顶山）、广东韶关、贵州六盘水 8 个城市和地区为第二批
产业转型升级示范区。

三、示范区范围的调整

第二批示范区创建名单确定后，全国 20 个示范区共包含 36 个市
（区），按地理位置划分为东部、中部、西部和东北 4 个区域。

■ **东部地区** 5 个市（区），包括北京市石景山区、唐山市、徐州市、

淄博市、韶关市。

- **中部地区** 9 个市，包括长治市、铜陵市、萍乡市、洛阳市、平顶山市、黄石市、株洲市、湘潭市、娄底市。

- **西部地区** 14 个市（区），包括包头市、鄂尔多斯市、重庆市（沙坪坝区、涪陵区、长寿区、江津区、合川区、永川区、铜梁区和荣昌区）、自贡市、六盘水市、石嘴山市、宁夏回族自治区宁东基地。

- **东北地区** 8 个市，包括沈阳市、鞍山市、抚顺市、大连市、长春市、吉林市、松原市、大庆市。

2017 年至 2019 年，湖北黄石和四川自贡产业转型升级示范区在年度评估中连续三年被评为优秀。按国家发展改革委等五部门《产业转型升级示范区建设年度进展评估办法》（发改振兴〔2018〕320 号）（简称《年度进展评估办法》）和《关于进一步推进产业转型升级示范区建设的通知》（发改振兴〔2019〕1405 号）规定，湖北省和四川省可再推荐一个城市建设示范区。

2020 年 12 月，湖北省和四川省分别推荐襄阳市和宜宾市建设产业转型升级示范区。2021 年 5 月，中咨公司组织召开湖北襄阳、四川宜宾产业转型升级示范区建设方案专家评估会。经专家评议，国家发展改革委等五部门将襄阳市和宜宾市列为新增示范区城市。

为与各省区市"十四五"规划衔接，进一步推进示范区的高质量发展，2020 年，各示范区开展了建设方案修编工作。建设方案修编后，北京京西产业转型升级示范区增加了门头沟区，重庆西部产业转型升级示范区从 8 个区调整为 5 个区。

截至目前，全国共有 20 个产业转型升级示范区，包括 36 个市（区）48 个示范园区，具体调整范围如下：

- **东部地区**增加北京市门头沟区，共 6 个市（区）。
- **中部地区**新增湖北省襄阳市，共 10 个市。
- **西部地区**新增四川省宜宾市，重庆市从 8 个区调整为 5 个，即从沙坪坝区、涪陵区、长寿区、江津区、合川区、永川区、铜梁区和荣昌区，调整为永川区、江津区、荣昌区、大渡口区、重庆高新区，共 12 个市（区）。
- **东北地区**维持原有 8 个市不变。

全国产业转型升级示范区及城市名单详见附件 1。

四、县城产业转型示范园区

为增强县城内生增长动力和"造血"能力，引导县域特色经济和农村第二、三产业在县城集聚发展，2020 年 5 月，国家发展改革委印发了《关于加快开展县城城镇化补短板强弱项工作的通知》，要求加大产业转型升级示范区建设力度，在有条件的县城建设一批产业转型升级示范园区。

在相关省区市推荐的基础上，采用定量和定性相结合的评估方式，国家确定了 20 个全国县城产业转型升级示范园区，重点支持开展试点示范，推广产业转型升级示范区和示范园区建设的经验和做法，试点创新投融资模式和园区运营管理方式，增强县城城镇化的产业和人口集聚能力。全国县城产业转型示范园区名单详见附件 2。

第二章

工作机制

　　"十三五"时期，国家发展改革委等五部门先后印发了包括产业、创新、投资、金融、土地等支持内容的 16 份政策文件，构建了示范区改革创新的全方位支持政策体系。在工作推进上，国家部委、各省区市、示范区城市高效联动，逐步形成了包括支持政策、年度评估、表扬激励、资金支持、交流与培训在内的示范区建设闭环工作机制。

一、支持政策

　　为贯彻落实《中共中央国务院关于全面振兴东北地区等老工业基地的若干意见》关于设立产业转型升级示范区和示范园区，促进产业向高端化、集聚化、智能化升级的部署，国家发展改革委等五部门相继出台了一系列指导开展示范区工作的政策文件。

1. 规范管理制度

　　2016 年，国家发展改革委等五部门联合印发《关于支持老工业城市和资源型城市产业转型升级的实施意见》(发改振兴规〔2016〕1966号)。该意见明确了示范区建设的指导思想与目标，提出了老工业城市产业转型升级路径的探索方向和重点任务，强调了产业、创新、投资、金融、土地五个方面的支持政策，成为"十三五"时期推进示范区建设的指导性文件。同年，国家发展改革委等五部门印发《示范区设立管理办法》。该办法提出了统筹规划、分批有序推进示范区建设的总体方针，并明确了申报设立示范区的必要条件、设立程序和组织管理措施，成为指导和规范产业转型升级示范区设立与管理的指导性文件。

2017年，为推动产业转型升级示范区建设取得更大成效，根据《示范区设立管理办法》有关"开展年度进展评估，建立年度考核奖惩激励机制"要求，国家发展改革委等五部门出台《年度进展评估办法》，明确了开展示范区年度建设进展评估的基本原则、评估对象、评估内容、组织实施方式、评估结果及运用等内容。

2. 年度工作推进

随着示范区建设工作的逐步推进，国家发展改革委等五部门根据当年国家经济发展形势和示范区年度进展评估结果，不断总结经验，每年都出台与示范区建设相关的管理制度文件，推动示范区城市为全国老工业城市和资源型城市发挥区域产业转型的引领和支撑作用。

一是下发了《关于支持首批老工业城市和资源型城市产业转型升级示范区建设的通知》（发改振兴〔2017〕671号），确定了全国首批12个产业转型升级示范区，并对各省区市建立省级层面工作推进机制、分段重点建设任务、加大对示范区和示范园区政策支持力度等方面提出了具体要求。

二是 2018 年至 2021 年分别印发了《关于首批产业转型升级示范区建设 2017 年度进展评估情况的通报》（发改振兴〔2018〕999 号）、《关于首批产业转型升级示范区建设 2018 年度进展评估情况的通报》（发改振兴〔2019〕1320 号）、《关于产业转型升级示范区建设 2019 年度评估结果及下一步重点工作的通知》（发改振兴〔2020〕888 号）、《关于产业转型升级示范区建设 2020 年度评估结果及下一步重点工作的通知》（发改振兴〔2021〕866 号）。

三是围绕第二批示范区创建工作，印发了《关于开展第二批产业转型升级示范区创建工作的通知》（发改办振兴〔2019〕253 号）、《关于进一步推进产业转型升级示范区建设的通知》（发改振兴〔2019〕1405 号），确定了第二批产业转型升级示范区，并对下一步重点任务、年度评估以及奖惩激励机制提出了具体要求。

3. 形成政策合力

为贯彻落实国务院办公厅"对老工业基地调整改造力度较大，支持传统产业改造、培育新产业新业态新模式、承接产业转移和产业合作等工作成效突出的市（地、州、盟），安排中央预算内投资给予奖励，并优先支持在重大改革和重大政策方面先行先试"的要求，同时为进一步推动全国老工业城市加大产业转型升级的工作力度，从 2018 年至 2020 年，国家发展改革委三次修订《对老工业基地调整改造真抓实干成效明显地方进一步加大表扬激励支持力度的实施办法》，明确表扬激励的范围、流程和激励政策，在全国老工业城市收到了较好的效果，激励作用明显。

同时，国家发展改革委等五部门出台支持示范区建设的一系列政策文件，政策合力不断加强。国家发展改革委专门制定《老工业地区振兴发展中央预算内投资专项管理办法》，引导老工业城市做好城区老工业区搬迁改造工作，推进科技创新，促进科技成果产业化，指导和支持地方加强与高等院校、科研院所、企业联合建设研发平台和创新平台，推动示范区城市建成了一批企业创新创业平台。科技部加大示范区创新政策方面的支持力度，支持示范区建设了 10 个国家创新型产业集群，开展了科技成果转化试点和创新型中小企业培育工程。工业和信息化部重点支持示范区工业产业发展，支持建设了 18 个新型工业化产业基地。自然资源部提供了土地方面的政策支持，共将 6 个示范区所在城市纳入城镇低效国土再开发试点，开展工矿废弃地复垦和再利用工作。国家开发银行与相关城市签署了开发性金融合作协议，安排中长期贷款近 200 亿元。此外国家发展改革委推动将示范区城市纳入国际金融组织贷款、地方政府专项债券、专项企业债券优先支持领域，不断加大对示范区重大项目的融资支持力度。

4. "十四五"发展部署

"十三五"期末，国家发展改革委牵头，开始研究"十四五"期间老工业城市和资源型城市高质量发展的指导性文件。2021 年 11 月，国家发展改革委等五部门联合印发《"十四五"支持老工业城市和资源型城市产业转型升级示范区高质量发展实施方案》（发改振兴〔2021〕1618 号）（简称《实施方案》）。《实施方案》从三个方面全面部署了"十四五"期间产业转型升级示范区的建设工作。一是制定了到 2025

年，"依托示范区城市建成一批特色鲜明的先进制造业基地和区域性中心城市，形成一批对全国老工业城市和资源型城市振兴发展可复制可推广的经验"的发展目标。二是部署了示范区城市"十四五"期间要坚持创新引领增强产业核心竞争力、要坚持协调发展提升城市功能品质、要坚持绿色转型加快实现低碳发展三项重点工作。三是进一步完善了土地集约节约利用、科技创新、产业发展、投融资等方面的支持政策，强调了示范区城市间经验交流与政策培训、督查激励与示范区年度评估等长效工作机制，并要求示范区所在省区市建立健全示范区建设管理推进机制，加强对示范区建设的指导，推动示范区建设工作取得更大进展。

国家有关部门支持产业转型升级示范区相关文件清单详见附件4。

二、年度评估

根据《示范区设立管理办法》《关于支持首批老工业城市和资源型城市产业转型升级示范区建设的通知》有关"开展年度进展评估，建立年度考核奖惩激励机制"的要求，按照国家发展改革委等五部门《年度进展评估办法》，中咨公司科学设置年度评估指标和权重，确定了以定量评估为主、专家定性评分为辅的全面反映示范区建设年度工作实效的评估原则。

1. 评估组织

年度评估工作由国家发展改革委等五部门组织实施。中咨公司根据当年国家经济社会发展要求，结合以前年度评估经验，编制《产业转型升级示范区年度进展评估工作操作手册》（简称《评估工作手册》），对年度评估的指标体系、自评材料编制提纲、评估工作流程等进行详细说明。

各示范区城市根据国家发展改革委年度评估通知要求，按照《评估工作手册》拟定的自评材料编制提纲，总结示范区建设的年度工作，形成自评报告，经所在省（区市）发展改革部门报送国家发展改革委。

中咨公司同时组织各相关部门和各示范区所在省（区市）发展改革部门开展现场实地调研，然后召开评估会议，按照评估指标体系测算定量指标，专家和国家发展改革委等五部门对各示范区城市进行定性评分。最后，中咨公司根据定量评分与定性评分，对各示范区进行排序并形成年度评估报告。

2. 评估指标

经过多年的不断完善，示范区年度评估逐步形成了以定量评估为主、定性评估为辅的评估指标体系，其中定量评估包括经济发展、创新发展、绿色共享和工作推进四部分内容，定性评估由专家和相关部门结合示范区近中期目标的实现情况、重点任务落实情况、重点探索领域进展情况等因素进行评分。

2020年度的评估指标体系中定量评估占85分，由经济发展（20分）、创新发展（20分）、绿色共享（20分）、工作推进（25分）组成，定性评估占15分，满分100分。

定量指标涉及的统计数据主要包括地区生产总值增速、人均地区生产总值、全员劳动生产率增速、地方一般公共预算收入及增速、城市全社会研发经费投入增速、技术合同成交额占地区生产总值比重、国家级高新技术企业数量及增速、规模以上工业增加值增速、常住人口城镇化率、城镇居民人均可支配收入增速、国控省控地表水断面达到或好于III类水体比例、空气质量优良天数比率。

定量指标涉及工作推进部分主要考核示范区建设工作的推进力度，由中央预算内资金使用和项目安排情况、省区市支持示范区建设安排专项资金情况、领导推动产业转型工作情况、所在城市落实产业转型工作情况、督查激励、示范作用六部分组成。

定性指标的评分由评估专家和国家发展改革委等五部门共同完成，其中评估专家重点评估各示范区城市近中期目标实现情况、重点任务落实情况和重点探索领域进展情况，五部门重点从各自分管领域的角度对示范区城市年度工作推进情况进行综合评分。

3. 现场调研

示范区现场实地调研由中咨公司负责组织。调研人员由国家发展改革委、相关部门、各示范区所在省（区市）发展改革委及评估专家组成。调研内容主要包括产业转型升级重大标志性工程、国家发展改革委地区振兴司中央预算内资金支持项目、示范园区和重点园区的重点企业与项目，调研方式以现场实地考察与现场座谈为主。

截至目前，中咨公司共组织开展了 71 次现场实地调研，调研范围包含了全部示范区城市。

示范区调研情况如表 2-1 所示。

表 2-1　示范区实地调研地点统计

年　度	调研地点
2017 年	重庆市、自贡市、黄石市、株洲市、萍乡市
2018 年	自贡市、包头市、鄂尔多斯市、唐山市、长春市、吉林市、松原市、沈阳市、鞍山市、抚顺市、石嘴山市、宁东基地
2019 年	黄石市、唐山市、包头市、鄂尔多斯市、株洲市、湘潭市、娄底市、自贡市、重庆市、萍乡市、沈阳市、鞍山市、抚顺市、淄博市、石嘴山市、宁东基地、长春市、吉林市、松原市、长治市、徐州市、韶关市、大连市、大庆市、洛阳市、平顶山市、萍乡市、六盘水市、襄阳市
2020 年	淄博市、六盘水市、大连市、洛阳市、平顶山市、株洲市、湘潭市、娄底市、唐山市、襄阳市、自贡市、宜宾市、宁波市宁海县、湖州市长兴县、铜陵市
2021 年	长春市、大连市、长治市、六盘水市、北京市、石嘴山市、宁东基地、洛阳市、鹤壁市

4. 评估结果

根据示范区年度评估结果，湖北黄石、四川自贡两个示范区 3 次被评为优秀，山东淄博、湖南中部两个示范区 2 次被评为优秀，北京京西、山西长治、辽宁大连、安徽铜陵、江西萍乡、广东韶关、贵州六盘水 7 个示范区 1 次被评为优秀。

示范区年度评估结果如表 2-2 所示。

表 2-2 示范区年度评估结果

序 号	示范区	2017 年	2018 年	2019 年	2020 年
1	北京京西	（第二批）		良好	优秀
2	河北唐山	良好	良好	良好	合格
3	山西长治	优秀	良好	良好	良好
4	内蒙古西部	合格	合格	合格	合格
5	辽宁中部	合格	合格	合格	合格
6	辽宁大连	（第二批）		良好	良好
7	吉林中部	合格	合格	合格	良好
8	黑龙江大庆	（第二批）		合格	合格
9	江苏徐州	（第二批）		良好	良好
10	安徽铜陵	良好	良好	良好	优秀
11	江西萍乡	（第二批）		良好	优秀
12	山东淄博	优秀	良好	优秀	良好
13	河南西部	（第二批）		良好	良好

续表

序　号	示范区	2017 年	2018 年	2019 年	2020 年
14	湖北黄石	优秀	优秀	优秀	良好
15	湖南中部	良好	优秀	优秀	良好
16	广东韶关	（第二批）		良好	优秀
17	重庆西部	合格	良好	良好	合格
18	四川自贡	优秀	优秀	优秀	良好
19	贵州六盘水	（第二批）		合格	优秀
20	宁夏东北部	良好	合格	合格	良好

三、表扬激励

为充分调动老工业城市和资源型城市推进产业转型升级工作的积极性，自 2017 年起，国家发展改革委对老工业基地调整改造力度较大、支持传统产业改造、培育新产业新业态新模式、承接产业转移和产业合作等工作成效突出的老工业城市，报请国务院给予通报表彰。

2018 年国家发展改革委印发《对老工业基地调整改造真抓实干成效明显地方进一步加大表扬激励支持力度的实施办法》（发改办振兴

〔2018〕1685 号），将国务院表彰激励同产业转型升级示范区工作相结合，对表彰的产业转型升级示范区城市在预算内投资分配中给予鼓励，对推动各示范区更好地发挥积极性、主动性、创造性发挥了重要作用。

2020 年，国家发展改革委办公厅印发《对老工业基地调整改造真抓实干成效明显地方加大激励支持力度的实施办法》（发改办振兴〔2020〕73 号）的通知，重新修订了激励范围、评估流程和激励政策，优先支持在重大改革和重大政策方面先行先试的老工业城市，明确对国务院表扬激励的城市安排中央预算内投资给予奖励。

1. 激励范围

可列入表扬激励的对象为《全国老工业基地调整改造规划（2013—2022 年）》的城市（区），优先激励在老工业城市和资源型城市转型发展等工作中真抓实干成效明显并且积累了值得总结推广的经验和做法的城市（区）。

2. 工作流程

表扬激励工作采用"省级推荐、第三方评估、国务院确认"的流程和方式。

首先，省级发展改革部门按照工作流程，提出经省级人民政府审定同意后的推荐城市（区）名单。

然后，国家发展改革委委托第三方机构，对符合条件的城市（区）开展评估。评估以定量评估和定性评估相结合，聚焦地方工作实绩，客观全面评价地方工作成效。其中，定量评估主要评估地方经济社会发展指标，以及重点园区、重点领域、重点项目建设进展情况，定性评估重点评估产业转型升级工作成效和典型经验和做法。

最后，国家发展改革委根据评估意见提出建议激励支持的市（区）名单，在全国发展改革系统纵向网公示后，报送国务院办公厅。

3. 评估组织

根据表扬激励实施办法，每年年底编制《老工业基地调整改造表扬激励评估工作操作手册》，确定表扬激励定量、定性评估的指标体系和申报材料编制大纲，对评估工作流程和相关事项进行详细解释说明。

自 2020 年度开始，老工业基地调整改造表扬激励评估与产业转型升级示范区建设进展评估采用相同的评估指标体系和申报材料编制大纲。

在评估准备阶段，中咨公司根据表扬激励实施办法，对激励范围和申报条件进行复核。然后，召开评估会议，中咨公司根据各申报城市的统计数据测算定量指标评分，五部门对各申报城市老工业基地调整改造真抓实干情况及取得的典型经验和做法进行评议和定性评分。最后，中咨公司根据定量指标评分与定性评分，对各申报城市进行排序并形成评估报告。

4. 评估结果

从 2017 年至 2020 年，国家发展改革委共报请国务院表扬激励了 47 个老工业基地调整改造真抓实干成效明显的城市。国务院表扬激励的城市（区）名单如表 2-3 所示。

表 2-3　国务院表扬激励城市（区）名单

年　度	表扬激励城市（区）
2017 年	北京市石景山区、山西省长治市、内蒙古自治区包头市、辽宁省沈阳市、吉林省吉林市、黑龙江省大庆市、安徽省铜陵市、江西省萍乡市、山东省淄博市、河南省洛阳市、湖北省十堰市、湖南省株洲市、重庆市荣昌区、四川省自贡市、贵州省六盘水市、甘肃省白银市、宁夏回族自治区石嘴山市
2018 年	山西省长治市、内蒙古自治区赤峰市、辽宁省大连市、吉林省长春市、黑龙江省大庆市、江苏省徐州市、江西省景德镇市、山东省淄博市、河南省鹤壁市、四川省攀枝花市
2019 年	北京市石景山区、山西省长治市、辽宁省沈阳市、黑龙江省大庆市、江苏省徐州市、江西省南昌市青云谱区、河南省洛阳市、湖北省黄石市、湖南省湘潭市、四川省自贡市
2020 年	北京市石景山区、黑龙江省齐齐哈尔市、江苏省常州市、江西省萍乡市、山东省淄博市、河南省平顶山市、湖北省襄阳市、湖南省株洲市、广东省韶关市、四川省宜宾市

四、资金支持

自 2016 年开始，国家发展改革委地区振兴司出台了一系列资金支持政策，包括《东北振兴新动能培育平台及设施建设专项管理办法》《关于中央预算内投资支持辽宁沿海经济带和沈抚地区新动能培育有关事项的通知》《老工业地区振兴发展中央预算内投资专项管理办法》《产业转型升级平台中央预算内投资专项管理办法》等，支持开展以产业园区为重点的产业转型升级示范区建设。

1. 总体情况

为推动示范区在完善体制机制和提升产业结构等方面先行先试、率先突破，国家发展改革委自 2017 年起设立产业转型升级示范区和重点园区建设专项，目标是支持示范区探索各具特色的转型升级新路径、新模式和新举措，形成一系列可复制可推广的经验和做法，加快推动老工业基地振兴。自 2017 年以来，国家累计安排中央预算内投资近 50 亿元支持产业转型升级示范区的 47 个示范园区和 45 个重点园区项目建设，累计支持 20 个示范区建设了 306 个重大项目。

2. 使用管理

为加强对中央预算内专项资金的管理，国家发展改革委地区振兴司先后印发了《东北振兴新动能培育平台及设施建设专项管理办法》《关于中央预算内投资支持辽宁沿海经济带和沈抚地区新动能培育有关事项的通知》。

为贯彻落实党中央、国务院的决策部署，支持老工业基地调整改造和振兴发展，国家发展改革委按照深化"放管服"改革和投资体制改革要求，2019 年又制定《老工业地区振兴发展中央预算内投资专项管理办法》（简称《投资专项管理办法》），对项目要求、资金安排、工作流程和项目管理等内容分别作出规定。

根据《投资专项管理办法》，产业转型升级示范区和重点园区建设专项按照投资切块方式，重点支持示范区内的示范园区和重点园区公共基础设施、公共服务平台和企业创新能力项目，以及示范区内支撑产业转型升级的公共创新平台和技术技能人才培养平台建设项目。

3. 使用效果

各省区市高度重视示范区建设工作，主动作为，积极谋划，拓宽了项目建设资金渠道，拉动了社会资金投入，加快了创新平台的建设步伐，较好推进了示范区城市的转型发展工作。

一是拓宽了建设资金渠道。2017 年至 2020 年，国家财政逐年大幅增加了支持示范区的中央预算内资金。同时，国家发展改革委地区振兴司会同委内司局和国家开发银行，积极推动将示范区建设项目纳入国际金融组织贷款、地方政府专项债券、专项企业债券优先支持领域，并支持 3 个示范区建设项目列入国际金融组织优惠贷款。国家开发银行进一步加大对示范区重大项目的融资支持力度，与相关城市签署了开发性金融合作协议，安排中长期贷款近 200 亿元。

二是拉动了社会资金投入。2017 年至 2020 年，中央财政共安排 50 多亿元专项资金，用于支持示范区城市项目建设和鼓励受到国务院表扬激励的城市，涉及 306 个产业转型升级关键项目，带动 250 亿元左右的项目总投资，起到了较好的资金拉动作用。

三是加快了创新平台建设步伐。在专项资金的带动下，示范区通过建设研发平台、双创平台、与科研机构和高等院校联合等方式，不断提升自主研发能力，推进重大科技成果的产业化，提高科技创新对经济发展的驱动能力。2017 年至 2020 年，在 47 个产业转型升级示范园区，使用中央预算内投资建设了 87 个工程技术中心、15 个质量检验中心、22 个智慧园区项目，形成了 10 个国家创新型产业集群、18 个新型工业化产业示范基地。

五、交流与培训

1．经验交流

为加强各示范区城市的经验交流和能力建设，国家发展改革委等五部门先后于 2018 年 1 月、2019 年 1 月、2020 年 1 月、2021 年 4 月，在四川自贡、湖北黄石、山东淄博、山西长治举办了四届全国产业转型升级示范区建设政策培训暨现场经验交流会，组织示范区城市梳理、总结典型经验和做法，制作视频宣传材料，刊印地方典型经验和做法材料汇编。

现场经验交流内容包括开展产业转型项目现场考察教学，邀请转型发展成效好、具有一定代表性的城市作典型经验交流发言，邀请有关专家做政策解读培训等。历届经验交流会的现场教学项目及经验交流发言城市名单如表 2-4 所示。

表 2-4　历届经验交流会现场教学项目与经验交流发言城市名单

年　份	地　点	现场教学项目	经验交流发言城市
2018 年 1 月	自贡市	自贡航空产业园 大西洋焊接材料股份有限公司 自贡运机集团 自贡市东兴寺片区生态修复工程	长治市 吉林市 铜陵市 淄博市 黄石市 重庆市 自贡市
2019 年 1 月	黄石市	铁山独立工矿区 中铝华中铜业 华新水泥旧址博物馆 湖北新冶钢 金广厦保障房 市企业投资项目审批分中心 劲牌生物产业园 东贝集团 定颖电子 黄石新港	黄石市 自贡市 长治市 淄博市 娄底市 沈阳 中德园 长春新区
2020 年 1 月	淄博市	新华制药高端制剂项目 淄博高新区 MEMS 产业园项目 四宝山区域山体生态修复项目 新华医疗生物医药产业园项目 东岳集团智能化管控中心	淄博市 长治市 萍乡市 洛阳市 黄石市

续表

年　份	地　点	现场教学项目	经验交流 发言城市
2020 年 1 月	淄博市	山东卓创信息资讯服务平台 齐鲁数谷项目 孝妇河黄土崖段综合整治 建陶产业创新示范园 鲁泰集团面料馆	株洲市 重庆市 自贡市
2021 年 4 月	长治市	山西科创城 潞安太阳能科技有限公司 中科潞安半导体技术研究院深紫外项目 康宝生物制品股份有限公司 高科华烨 LED 产业园 山西晋潞注塑科技集团有限公司	长治市 沈阳市 萍乡市 淄博市 平顶山市 黄石市 湘潭市 韶关市

2. 专题培训

2015 年至 2019 年，国家发展改革委先后组织各示范区城市赴法国、日本、英国、德国等国家开展示范区建设专题培训，学习发达国家老工业城市转型发展的成功经验和做法。先后有超过 20 个省（区、市）近100 名人员参加培训，在学习借鉴国外先进经验的同时，也加强了对外交流，宣传推广了中国老工业基地的转型发展特色经验。每次培训都系统梳理总结发达国家的产业转型升级经验，初步构建了产业转型升级典型案例库。

2020 年 11 月，为贯彻落实党中央、国务院决策部署，深入推进产业转型升级示范区建设，国家发展改革委联合人力资源和社会保障部，在北京举办了产业转型升级示范区建设公务员高级研修培训。国家发展改革委政研室、规划司、产业司、财金司等相关司局，科技部、工业和信息化部、自然资源部相关司局负责同志，以及国家发展改革委宏观经济研究院和中咨公司专家，受邀就"十四五"促进产业转型升级这一培训主题进行授课。培训期间，各示范区城市参会人员进行了分组讨论和经验交流。

第三章

示范区简况

一、北京京西产业转型升级示范区

北京京西示范区从行政区划来看，包含石景山区和门头沟区，其中石景山区辖 9 个街道，总面积 84.38 平方千米，常住人口 55.3 万人；门头沟区辖 9 个镇和 4 个街道，总面积 1447.85 平方千米，常住人口 39.3 万人。

京西地区工业历史悠久，基础雄厚，有着百年钢铁史、千年采煤史。新中国成立后，以首钢为代表的"京西八大厂"快速发展，为我国经济社会发展作出了重大贡献。2013 年，北京市石景山区被列入《全国老工业基地调整改造规划（2013—2022 年）》老工业城市名单。

2019 年，石景山区和门头沟区地区生产总值分别为 806.4 亿元和 249.3 亿元，增速分别为 6.9% 和 6%；人均地区生产总值分别为 14.2 万元和 7.3 万元；一般公共预算收入分别完成 63.4 亿元和 33.65 亿元，分别增长 2.1% 和 6.6%；城镇居民人均可支配收入分别为 76990 元和 57892 元，分别增长 8.1% 和 8.8%；国控省控地表水断面达到或好于 III 类水体比例分别为 67% 和 75%；可吸入颗粒物（PM2.5）年均浓度分别为 43 微克 / 立方米和 36 微克 / 立方米。

2019 年，北京京西被列为第二批全国产业转型升级示范区之一，建设范围包含石景山区全域、门头沟区涉及产业转型地区以及首钢二通和一耐厂等区域，总面积约 110 平方千米。自 2017 年以来，北京市石景山区因老工业基地调整改造成效明显，2 次获国务院督查激励通报表扬；在全国产业转型示范区建设年度评估中，京西示范区 1 次被评为优秀，1 次被评为良好。

二、河北唐山产业转型升级示范区

唐山市位于河北省东部，辖 7 区 7 县（市）和芦台经济开发区、唐山高新技术产业开发区、唐山海港经济开发区、汉沽管理区等四个开发区（管理区），总面积 13472 平方千米，2019 年年末户籍人口 756 万人。

唐山市有 130 多年的近现代工业历史，是一座因煤而建、因钢而兴的城市，工业基础雄厚，有开滦、唐钢、唐车、冀东、三友等一批国内外知名的大型企业。唐山市是一座以矿产资源开发和利用为主导的工业城市，煤炭、铁矿石保有量均为 50 亿吨以上，钢铁行业为唐山市第一大支柱产业，唐山市初步形成了全国精品钢铁产业加工基地，发展了高强度钢、集装箱板、汽车用钢板及特种钢材等细分产业。2013 年，唐山市先后被列入《全国老工业基地调整改造规划（2013—2022 年）》老工业城市名单和《全国资源型城市可持续发展规划（2013—2020 年）》资源型城市名单。

2019 年，唐山市地区生产总值 6890 亿元（居河北省第一位），增速 7.3%，人均地区生产总值 8.7 万元。一般公共预算收入增速 7.6%，全社会研发经费投入增速 10.2%。城镇居民人均可支配收入 42632 元，增速 8.3%。国控省控地表水断面达到或好于 III 类水体比例 77.8%，可吸入颗粒物（PM2.5）年均浓度 53.9 微克/立方米。

2017 年，唐山市被列为首批全国产业转型升级示范区之一，建设范围为唐山市全域。自 2017 年以来，唐山市在全国产业转型示范区建设年度评估中，3 次被评为良好，1 次被评为合格。

三、山西长治产业转型升级示范区

长治市位于山西省东南部，辖 4 区 8 县，市域总面积 13955 平方千米，其中市辖区面积 2631 平方千米，2019 年年末户籍人口 340 万人。

长治市为"一五"和"三线"建设时期国家布局建设的重要工业基地，现已形成煤、焦、冶、电、化工、轻工并举的产业发展局面。长治市已探明煤炭储量 294 亿吨，占山西省探明储量的 12%，是依托煤炭资源开发为主的资源型城市，煤炭是支撑长治发展的第一支柱产业。2013 年，长治市先后被列入《全国老工业基地调整改造规划（2013—2022 年）》老工业城市名单和《全国资源型城市可持续发展规划（2013—2020 年）》资源型城市名单。

2019 年长治市地区生产总值 1652.1 亿元（居山西省第二位），增速 6.0%，人均地区生产总值 4.76 万元。一般公共预算收入完成 161.95 亿元，增长 7.49%。全社会研发经费投入增速 8.8%。城镇居民人均可支配收入 34426 元，增速 7.5%。国控省控地表水断面达到或好于 III 类水体比例 76.47%，可吸入颗粒物（PM2.5）年均浓度 47 微克／立方米。

2017 年，长治市被列为首批全国产业转型升级示范区之一，建设范围为长治市全域。自 2017 年以来，长治市因老工业基地调整改造成效明显，3 次获国务院督查激励通报表扬，并多次在全国产业转型升级示范区工作会上交流有关经验；在全国产业转型示范区建设年度评估中，1 次被评为优秀，3 次被评为良好。

四、内蒙古西部产业转型升级示范区

内蒙古西部产业转型升级示范区包括包头市和鄂尔多斯市两市。包头市辖 6 区 1 县和 2 旗，总面积 2.78 万平方千米，常住人口 289.7 万人；鄂尔多斯市辖 2 区 7 旗，总面积 8.68 万平方千米，常住人口 208.76 万人。

内蒙古西部是国家原材料及重工业产业基地，西部地区重要的装备制造业研发、转化及加工配套基地，拥有全国 13.6% 的煤炭、84% 的稀土及 11% 的天然气探明储量。其中包头市的主导产业包括冶金、稀土、装备、能源、化工等，鄂尔多斯市的主导产业为煤炭、电力、化工、天然气等。2013 年，包头市和鄂尔多斯市被列入《全国老工业基地调整改造规划（2013—2022 年）》老工业城市名单和《全国资源型城市可持续发展规划（2013—2020 年）》资源型城市名单。

2019 年，包头和鄂尔多斯市地区生产总值分别为 2714.5 亿元和 3605.1 亿元，增速分别为 6% 和 4%，人均地区生产总值分别为 9.38 万元和 17.30 万元。两市一般公共预算收入分别为 145.2 亿元和 464.9 亿元，分别增长 6.4% 和 15.6%。两市全社会研发经费投入增速分别为 –4.66% 和 30.10%。两市城镇居民人均可支配收入分别为 50427 元和 49768 元，增速分别为 6.4% 和 6.3%。两市国控省控地表水断面达到或好于 III 类水体比例分别为 63.6% 和 85.7%，可吸入颗粒物（PM2.5）年均浓度分别为 38 微克 / 立方米和 22 微克 / 立方米。

2017 年，内蒙古中部（包头—鄂尔多斯）被列为首批全国产业转型升级示范区之一，建设范围为包头和鄂尔多斯市全域。自 2017 年以来，在全国产业转型示范区建设年度评估中，内蒙古西部示范区 4 次均被评为合格。

五、辽宁中部产业转型升级示范区

辽宁中部产业转型升级示范区包括沈阳市、鞍山市和抚顺市三市。沈阳市是辽宁省省会，辖 10 区 1 市 2 县，总面积 12860 平方千米，常住人口 832.2 万人；鞍山市北接沈阳，南临大连，辖 4 区 1 县，代管 1 个县级市和 1 个自治县，总面积为 9263 平方千米，常住人口 355.3 万人；抚顺市紧邻沈阳市，辖 4 区 3 县，总面积 11272 平方千米，常住人口 210.7 万人。

辽宁省是东北地区重要的老工业基地之一，在"一五"时期的 156 个重点项目中，沈阳、鞍山和抚顺市的项目总数为 15 个，占辽宁省项目总数的 62.5%。三市具有较强的工业基础，其中沈阳市是全国最早的装备制造老工业基地，支柱产业包括汽车及零部件制造、装备制造和电子信息等。鞍山市是东北地区最大的钢铁工业城市、新中国钢铁工业的摇篮、中国第一座钢铁工业城市，目前主导产业包括钢铁及深加工、菱镁、高端装备制造等。抚顺市因煤而兴、依煤而建，曾是全国最大的煤炭生产基地，也是石化产业的摇篮。近年来，随着煤炭资源日趋枯竭，其产业结构逐渐向石化高端化学品、精细化工、冶金新材料、新能源及矿产精深加工转化。2013 年，沈阳市大东区、鞍山市和抚顺市被列入《全国老工业基地调整改造规划（2013—2022 年）》老工业城市名单，鞍山市和抚顺市被列入《全国资源型城市可持续发展规划（2013—2020 年）》资源型城市名单。

2019 年沈阳市地区生产总值 6470 亿元、增速 4.2%，人均地区生产总值 7.78 万元。一般公共预算收入 730.3 亿元、增长 1.3%，全社会研发经费投入增速 17.6%。城镇居民人均可支配收入为 46786 元、增速 6.2%，国控省控地表水断面达到或好于 III 类水体比例 78.5%，可吸入颗粒物（PM2.5）年均浓度 43 微克 / 立方米。

2019 年鞍山市地区生产总值 1745 亿元、增速 6.1%，人均地区生产总值 4.8 万元。一般公共预算收入 153.3 亿元、增长 2.6%，全社会研发经费投入增速 43.6%。城镇居民人均可支配收入为 37756 元、增速 6.0%，国控省控地表水断面达到或好于 III 类水体比例 33.3%，可吸入颗粒物（PM2.5）年均浓度 43 微克 / 立方米。

2019 年抚顺市地区生产总值 847 亿元，下降 3.6%，人均地区生产总值 4.14 万元。一般公共预算收入 76.6 亿元，增长 2.0%。城镇居民人均可支配收入 34580 元，增速 6.5%。国控省控地表水断面达到或好于

III 类水体比例 87.5%，可吸入颗粒物（PM2.5）年均浓度 45 微克 / 立方米。

2017 年，辽宁中部（沈阳—鞍山—抚顺）被列为首批全国产业转型升级示范区之一，建设范围为沈阳、鞍山和抚顺 3 市全域。自 2017 年以来，沈阳市因老工业基地调整改造成效明显，2 次获国务院督查激励通报表扬；在全国产业转型示范区建设年度评估中，辽宁中部示范区 4 次被评为合格。

六、大连产业转型升级示范区

大连市位于辽东半岛南端，辖 7 区 2 市 1 县，总面积 12573.85 平方千米，2019 年年末户籍人口 599 万人。

大连市工业门类齐全、基础雄厚，是我国重要的制造业基地，也是我国首批沿海开放城市之一。石油化工、造船、机车、大型机械、核电装备、轴承、制冷设备等传统产业规模在全国同行业位居前列。2013 年，大连市瓦房店市被列入《全国老工业基地调整改造规划（2013—2022 年）》老工业城市名单。

2019 年，大连市地区生产总值 7001.7 亿元，增速 6.5%，人均地区生产总值 10 万元左右。一般公共预算收入完成 692.8 亿元，下降 1.6%。全社会研发经费投入 199.7 亿元，增速 19.8%。城镇居民人均可支配收入 46468.0 元，增速 6.7%。国控省控地表水断面达到或好于 III 类水体比例 81.0%，可吸入颗粒物（PM2.5）年均浓度 35 微克 / 立方米。

2019 年，大连市被列为第二批全国产业转型升级示范区之一，建设范围为大连市全域。自 2017 年以来，大连市因老工业基地调整改造成效明显，1 次获国务院督查激励通报表扬；在全国产业转型示范区建设年度评估中，2 次被评为良好。

七、吉林中部产业转型升级示范区

吉林中部产业转型升级示范区包括长春、吉林和松原 3 市。长春市是吉林省省会，辖 7 区 1 县，代管 3 个县级市，总面积 20593 平方千米，2019 年年末户籍人口 754 万人；吉林市位于吉林省中部偏东，西接长春，辖 4 区 1 县，代管 4 个县级市，总面积 2.7 万平方千米，2019 年年末户籍人口 412 万人；松原市位于长春市西北部，辖 1 区 1 市 3 县，总面积 2.2 万平方千米，2019 年年末户籍人口 275 万人。

吉林省是新中国工业的摇篮和国家重要的工业基地，在"一五"时期的 156 个重点项目中，长春、吉林和松原 3 市的项目总数为 8 个，占吉林省项目总数的 72.7%。三市工业基础较强，其中长春市形成了汽车和轨道客车等主导产业，以及医药健康、装备制造、新能源等特色优势产业；吉林市形成了化工、汽车、冶金和化纤等主导产业，同时在大力发展冰雪旅游产业；松原市主导产业为油气开采化工产业、现代农业、特色旅游产业和商贸物流产业。2013 年，长春市宽城区和吉林市被列入《全国老工业基地调整改造规划（2013—2022 年）》老工业城市名单，吉林市和松原市被列入《全国资源型城市可持续发展规划（2013—

2020 年）》资源型城市名单。

2019 年，长春市地区生产总值 5904 亿元、增速 3.0%，人均地区生产总值 7.85 万元。一般公共预算收入 420 亿元、下降 12.1%，全社会研发经费投入增速 33.0%。城镇居民人均可支配收入 37844 元、增速 7.0%。国控省控地表水断面达到或好于 III 类水体比例 44.4%，可吸入颗粒物（PM2.5）年均浓度 38 微克 / 立方米。

2019 年，吉林市地区生产总值 1417 亿元、增速 1.5%，人均地区生产总值 3.43 万元。一般公共预算收入 97.9 亿元、增长 0.4%，全社会研发经费投入增速 5.4%。城镇居民人均可支配收入 30140 元、增速 5.6%。国控省控地表水断面达到或好于 III 类水体比例 83.3%，可吸入颗粒物（PM2.5）年均浓度 37 微克 / 立方米。

2019 年，松原市地区生产总值 730 亿元、增速 2.6%，人均地区生产总值 2.66 万元。一般公共预算收入 93.2 亿元、增长 6.2%，全社会研发经费投入增速 16.0%。城镇居民人均可支配收入 28423 元、增速 6.4%。国控省控地表水断面达到或好于 III 类水体比例 100%，可吸入颗粒物（PM2.5）年均浓度 27 微克 / 立方米。

2017 年，吉林中部（长春—吉林—松原）被列为首批全国产业转型升级示范区之一，建设范围为长春、吉林和松原 3 市全域。自 2017 年以来，长春市因老工业基地调整改造成效明显，1 次获国务院督查激励通报表扬；在全国产业转型示范区建设年度评估中，吉林中部示范区 1 次被评为良好，3 次被评为合格。

八、黑龙江大庆产业转型升级示范区

大庆市位于黑龙江省西部，辖 5 区 4 县，总面积 21000 平方千米，2019 年年末户籍人口 272 万人。

大庆市是一座因油而生的城市，是典型的老工业城市和资源型城市，石油是支撑大庆发展的第一支柱产业。1959 年发现油田，1960 年开展石油会战，1979 年建市，大庆市累计生产原油 24 亿吨，占全国同期陆上原油产量的 40% 以上。2013 年，大庆市先后被列入《全国老工业基地调整改造规划（2013—2022 年）》老工业城市名单和《全国资源型城市可持续发展规划（2013—2020 年）》资源型城市名单。

2019 年大庆市地区生产总值 2568 亿元，增速 4.0%，人均地区生产总值 9.43 万元。一般公共预算收入完成 164.1 亿元，增长 8.8%。全社会研发经费投入增速 4.0%。城镇居民人均可支配收入 43298 元，增速 5.4%。国控省控地表水断面达到或好于 III 类水体比例 100%，可吸入颗粒物（PM2.5）年均浓度 29 微克 / 立方米。

2019 年，大庆市被列为第二批全国产业转型升级示范区之一，建设范围为大庆市全域。自 2017 年以来，大庆市因老工业基地调整改造成效明显，3 次获国务院督查激励通报表扬；在全国产业转型示范区建设年度评估中，2 次被评为合格。

九、江苏徐州产业转型升级示范区

徐州市位于江苏省西北部，辖 5 区 2 市 3 县，总面积 11258 平方千米，2019 年年末户籍人口 1042 万人。

徐州市为全国重要的煤炭产地，有近 140 年的煤炭开采和加工历史。中华人民共和国成立以来，逐步形成了以能源、原材料加工和装备制造业为主干的工业体系，主导产业包括装备制造、食品加工、煤电能源、煤盐化工、冶金建材等，重化工业的城市特质鲜明。2013 年，徐州市先后被列入《全国老工业基地调整改造规划（2013—2022 年）》老工业城市名单和《全国资源型城市可持续发展规划（2013—2020 年）》资源型城市名单。

2019 年，徐州市地区生产总值 7151 亿元，增速 6.0%，人均地区生产总值 8.11 万元。一般公共预算收入完成 468.3 亿元，增长 4.6%，全社会研发经费投入增速接近 15.0%。城镇居民人均可支配收入 36215 元，增速 7.8%。国控省控地表水断面达到或好于 III 类水体比例 83.3%，可吸入颗粒物（PM2.5）年均浓度 57 微克 / 立方米。

2019 年，徐州市被列为第二批全国产业转型升级示范区之一，建设范围为徐州市全域。自 2017 年以来，徐州市因老工业基地调整改造成效明显，2 次获国务院督查激励通报表扬；在全国产业转型示范区建设年度评估中，2 次被评为良好。

十、安徽铜陵产业转型升级示范区

铜陵市位于安徽省南部、长江中下游沿岸，辖 3 区 1 县，总面积 3008 平方千米，2019 年年末户籍人口 170.6 万人。

铜陵市是一座以铜资源开发和利用为主导的资源型城市，是新中国最早建设的老工业基地之一，素有"中国古铜都，当代铜基地"之称，铜产业为铜陵市第一支柱产业。2013年，铜陵市被列入《全国资源型城市可持续发展规划（2013—2020年）》资源型城市名单。

2019年，铜陵市地区生产总值960.2亿元，增速3.2%，人均地区生产总值5.87万元。一般公共预算收入完成77.6亿元，增长5.2%，全社会研发经费投入增速20.3%。城镇居民人均可支配收入39256元，增速9.1%。国控省控地表水断面达到或好于III类水体比例100%，可吸入颗粒物（PM2.5）年均浓度47微克/立方米。

2017年，铜陵市被列为首批全国产业转型升级示范区之一，建设范围为铜陵市全域。自2017年以来，铜陵市在全国产业转型示范区建设年度评估中，1次被评为优秀，3次被评为良好。

十一、江西萍乡产业转型升级示范区

萍乡市位于江西省西部，地处湘赣边界，辖2区3县，总面积3831平方千米，总人口200万人。

萍乡市以1898年安源煤矿开办为标志，至今已有120余年的工业发展历史，其煤炭开采为国家经济建设作出了重要的贡献。目前萍乡市逐步形成了以煤炭、冶金、建材、花炮、陶瓷等为主导的传统优势产业体系，以及以节能环保、电子信息、新材料、先进装备制造、食品医药等为主导的新兴产业体系。2013年，萍乡市先后被列入《全国老工业基地调整改造规划（2013—2022 年）》老工业城市名单和《全国资源型城市可持续发展规划（2013—2020 年）》资源型城市名单。

2019 年萍乡市地区生产总值 930 亿元，增速 7.5%，人均地区生产总值 3.1 万元。一般公共预算收入增长 12.0%。全社会研发经费投入增速 22.0%。城镇居民人均可支配收入 38502 元，增速 7.7%。国控省控地表水断面达到或好于 III 类水体比例 94.12%，可吸入颗粒物（PM2.5）年均浓度 40 微克／立方米。

2019 年，萍乡市被列为第二批全国产业转型升级示范区之一，建设范围为萍乡市全域。自 2017 年以来，萍乡市因老工业基地调整改造成效明显，1 次获国务院督查激励通报表扬；在全国产业转型示范区建设年度评估中，1 次被评为优秀，1 次被评为良好。

十二、山东淄博产业转型升级示范区

淄博市位于山东省中部，辖 5 区 3 县，总面积 5965 平方千米，2020 年底常住人口 470.4 万人。

淄博市是典型的依托资源开发而兴起的老工业城市，是全国重要的老工业基地。近年来，淄博市重点推进化工、机械、医药、建材、冶金、陶瓷等传统产业智能化改造，培育壮大新材料、新医药、智能装备、电子信息"四强"产业，新型功能材料产业集群入选全国首批战略性新兴产业集群。2013 年，淄博市先后被列入《全国老工业基地调整改造规划（2013—2022 年）》老工业城市名单和《全国资源型城市可持续发展规划（2013—2020 年）》资源型城市名单。

2019 年，淄博市地区生产总值 3642.4 亿元，增速 3.5%，人均地区生产总值 7.75 万元。一般公共预算收入完成 368.7 亿元，增长 6.1%，全社会研发经费投入增速 2.91%。城镇居民人均可支配收入 45237 元，增速 7.0%。国控省控地表水断面达到或好于 III 类水体比例 50%，可吸入颗粒物（PM2.5）年均浓度 56 微克 / 立方米。

2017 年，淄博市被列为首批全国产业转型升级示范区之一，建设范围为淄博市全域。自 2017 年以来，淄博市因老工业基地调整改造成效明显，3 次获国务院督查激励通报表扬；在全国产业转型示范区建设年度评估中，2 次被评为优秀，2 次被评为良好。

十三、河南西部产业转型升级示范区

河南西部产业转型升级示范区包括洛阳和平顶山 2 市。洛阳市地处河南西部，紧邻郑州、平顶山，辖 7 区 7 县，总面积 1.52 万平方千米，2019 年末总人口 717 万人；平顶山市西临洛阳，辖 4 区 2 市 4 县，总面积 7882 平方千米，2019 年总人口 555 万人。

洛阳市和平顶山市都是我国重要的老工业基地，在"一五"时期的 156 个重点项目中，两市项目总数为 7 个，占河南省项目总数的 70%。两市具有较强的工业基础，其中洛阳市是全国重要的科技研发基地和国家新材料产业基地、高端装备制造高技术产业基地，支柱产业包括装备制造、新材料和电子信息等；平顶山市矿产资源丰富，尤其是煤炭资源，主导产业为能源化工、装备制造和冶金建材等。2013 年，洛阳市和平顶山市被列入《全国老工业基地调整改造规划（2013—2022 年）》老工业城市名单和《全国资源型城市可持续发展规划（2013—2020 年）》资源型城市名单。

2019 年，洛阳和平顶山市地区生产总值分别为 5035 亿元和 2373 亿元，增速分别为 7.8% 和 7.5%，人均地区生产总值分别为 7.29 万元和 4.72 万元。两市一般公共预算收入分别完成 369.8 亿元和 171.4 亿元，分别增长 7.9% 和 11.0%，两市全社会研发经费投入增速分别为 20.0% 和 16.0%。两市城镇居民人均可支配收入分别为 38630 元和 34266 元，增速分别为 7.5% 和 6.8%。两市国控省控地表水断面达到或好于 III 类水体比例分别为 100% 和 87.5%，可吸入颗粒物（PM2.5）年均浓度分别为 62 微克 / 立方米和 59 微克 / 立方米。

2019 年，河南西部（洛阳—平顶山）被列为第二批全国产业转型升级示范区之一，建设范围为洛阳和平顶山市全域。自 2017 年以来，因老工业基地调整改造成效明显，洛阳市 3 次、平顶山市 1 次获国务院督查激励通报表扬；在全国产业转型示范区建设年度评估中，河南西部示范区 2 次被评为良好。

十四、湖北（黄石、襄阳）产业转型升级示范区

黄石市位于湖北省东南部，长江中游南岸，辖 4 区 1 市 1 县，总面积 4583 平方千米，2019 年年末户籍人口 273 万人。襄阳市位于湖北省

西北部，辖 3 区 3 市 3 县，总面积 1.97 万平方千米，2019 年年末户籍人口 589.8 万人。

黄石市因矿建厂、因厂建市，具有丰富的矿产资源，拥有钢铁、有色、建材、能源、电子信息、服装、机械、化工、医药、食品等 14 个主导产业，工业门类较为齐全。襄阳市区位优势突出，是鄂、豫、陕三省毗邻地区的交通枢纽。经过多年建设发展，已形成以汽车产业为龙头，农产品深加工、装备制造、电子信息、医药化工、新能源新材料等为主导的现代工业体系。2013 年，黄石市、襄阳市被列入《全国老工业基地调整改造规划（2013—2022 年）》老工业城市名单，黄石市还被列入《全国资源型城市可持续发展规划（2013—2020 年）》资源型城市名单。

2019 年，黄石市地区生产总值 1767.19 亿元，增速 8.2%，人均地区生产总值 7.15 万元。一般公共预算收入增长 2.2%，全社会研发经费投入增速 5.1%。城镇居民人均可支配收入 38725 元，增速 9.6%。国控省控地表水断面达到或好于 III 类水体比例 100%，可吸入颗粒物（PM2.5）年均浓度 40 微克 / 立方米。

2019 年襄阳市地区生产总值 4812.84 亿元，增速 7.9%，人均地区生产总值 8.48 万元。一般公共预算收入增长 1.6%。城镇居民人均可支配收入 39297 元，增速 9.87%。国控省控地表水断面达到或好于 III 类水体比例 88.9%，可吸入颗粒物（PM2.5）年均浓度 60 微克 / 立方米。

2017 年，黄石市被列为首批全国产业转型升级示范区，建设范围为黄石市全域。因黄石市在年度评估中连续三年被评为优秀，按照《关于进一步推进产业转型升级示范区建设的通知》规定，2020 年，襄阳市被增列为湖北产业转型升级示范区城市，建设范围为襄阳市全域。

自 2017 年以来，黄石市因老工业基地调整改造成效明显，2 次获国务院督查激励通报表扬，并多次在全国产业转型升级示范区工作会上交流有关经验；在全国产业转型示范区建设年度评估中，3 次被评为优秀，1 次被评为良好；襄阳市因老工业基地调整改造成效明显，1 次获国务院督查激励通报表扬。

十五、湖南中部产业转型升级示范区

湖南中部产业转型升级示范区包括株洲、湘潭和娄底 3 市。株洲市北临长沙，西接湘潭，辖 5 区 3 县，代管 1 个县级市，总面积 11262 平方千米，常住人口 402.85 万人；湘潭市为长沙、株洲、娄底环绕，辖 2 区 2 市 1 县，总面积 5006 平方千米，常住人口 288.2 万人；娄底市紧邻长沙、湘潭，辖 1 区 2 市 2 县，总面积 8117.6 平方千米，常住人口 394.13 万人。

株洲、湘潭和娄底 3 市均为中华人民共和国成立初期和"三线"建设时期国家工业布局重点区域，3 市均具有较强的工业基础，其中株洲市被誉为"中国电力机车之都"，是亚洲最大的有色金属深加工基地、硬质合金研制基地和电动汽车研制基地，拥有以轨道交通、航空、汽车及零部件、服饰、陶瓷、有色金属精深加工、新材料、新能源、医药食品为主体的产业体系；湘潭市是我国中部地区重要的老工业基地，主导产业包括智能装备制造、汽车及零部件、新材料、新一代信息技术、食品医药等产业；娄底市以发展材料产业集群为主，主导产业包括精品钢材、新能源、新材料、工程机械制造等。2013 年，株洲市、湘潭市和娄底市被列入《全国老工业基地调整改造规划（2013—2022 年）》老工业城市名单，娄底市还被列入《全国资源型城市可持续发展规划（2013—2020 年）》资源型城市名单。

2019 年，株洲市地区生产总值 3003.1 亿元、增速 7.9%，人均地区生产总值 7.5 万元。一般公共预算收入增长 6.1%，全社会研发经费投入增速 10.9%。城镇居民人均可支配收入 46553 元、增速 8.6%。国控省控地表水断面达到或好于 III 类水体比例 100%，可吸入颗粒物（PM2.5）年均浓度分别为 47 微克／立方米。

2019 年，湘潭市地区生产总值 2257.6 亿元、增速 7.6%，人均地区生产总值 7.9 万元。一般公共预算收入下降 7.5%，全社会研发经费投入增速 24.9%。城镇居民人均可支配收入 38890 元、增速 8.2%。国控省控地表水断面达到或好于 III 类水体比例 100%，可吸入颗粒物（PM2.5）年均浓度 48 微克／立方米。

2019 年，娄底市地区生产总值 1640.6 亿元、增速 8.1%，人均地区生产总值 4.2 万元。一般公共预算收入增长 9.1%，全社会研发经费投入增速 58.9%。城镇居民人均可支配收入 30512 元、增速 9.3%。国控省控地表水断面达到或好于 III 类水体比例 100%，可吸入颗粒物（PM2.5）年均浓度 40 微克／立方米。

2017 年，湖南中部（株洲—湘潭—娄底）被列为首批全国产业转型升级示范区之一，建设范围为株洲、湘潭和娄底 3 市全域。自 2017 年以来，株洲市和湘潭市因老工业基地调整改造成效明显，分别获国务院督查激励通报表扬 1 次和 2 次；在全国产业转型示范区建设年度评估中，湖南中部示范区 2 次被评为优秀，2 次被评为良好。

十六、广东韶关产业转型升级示范区

韶关市位于广东省北部，辖 3 区 5 县，代管 2 个县级市，总面积 1.84 万平方千米，2019 年年末户籍人口 337 万人。

韶关市矿产资源丰富，曾是我国重要的有色金属矿产和工业原材料供应地、广东省重要的重工业基地。钢铁产业为韶关市第一支柱产业，2019 年完成工业增加值 56.24 亿元，占规模以上工业增加值的 17.92%。2013 年，韶关市先后被列入《全国老工业基地调整改造规划（2013—2022 年）》老工业城市名单和《全国资源型城市可持续发展规划（2013—2020 年）》资源型城市名单。

2019 年韶关市地区生产总值 1316.3 亿元，增速 6.0%，人均地区生产总值 4.4 万元。一般公共预算收入增长 6.7%。全社会研发经费增速 18.9%。城镇居民人均可支配收入 32634 元，增速 7.7%。国控省控地表水断面达到或好于 III 类水体比例 100%，可吸入颗粒物（PM2.5）年均浓度 29 微克 / 立方米。

2019 年，韶关市被列为第二批全国产业转型升级示范区之一，建设范围为韶关市全域。自 2017 年以来，韶关市因老工业基地调整改造成效明显，2 次获国务院督查激励通报表扬；在全国产业转型示范区建设年度评估中，1 次被评为优秀，1 次被评为良好。

十七、重庆西部产业转型升级示范区

重庆西部产业转型升级示范区包括重庆江津区、永川区、荣昌区、大渡口区、重庆高新区 5 个区域，总面积 6287.3 平方千米，常住人口 406.3 万人。

重庆西部示范区工业发展历史悠久，其中江津区作为重庆"三线"建设的主战场之一，工业基础良好，成为重庆重要的工业集聚地，形成了消费品、装备制造、汽摩及零部件、新型材料、电子信息五大产业集群。永川区曾是全国百强产煤大县，目前产业结构逐渐向汽摩及零部件、智能装备、信息技术、先进材料和特色消费品等转化。荣昌区为典型的资源型城市，现已形成了装备制造、食品医药和轻工陶瓷三大主导产业。大渡口区因重庆钢铁公司而设区，曾是全国重要的老工业区，重钢实施环保搬迁后进入转型发展时期，大数据、生态环保、大健康生物医药成为其三大支柱产业。2013 年，重庆市大渡口区被列入《全国老工业基地调整改造规划（2013—2022 年）》老工业城市名单。

2019 年，江津区地区生产总值 1036.7 亿元、增速 8.6%，人均地区生产总值将近 7.5 万元。一般公共预算收入下降 4.4%，全社会研发经费投入增速 28.3%，城镇居民人均可支配收入 39600 元，国控省控地表水断面达到或好于 III 类水体比例为 100%，可吸入颗粒物（PM2.5）年均浓度为 29.3 微克 / 立方米。

2019 年，永川区地区生产总值 952.7 亿元、增速 9%，人均地区生产总值将近 8.4 万元。一般公共预算收入增速 7%，全社会研发经费投入增速 0%，城镇居民人均可支配收入 40093 元，国控省控地表水断面达到或好于 III 类水体比例为 100%，可吸入颗粒物（PM2.5）年均浓度为 32 微克/立方米。

2019 年，荣昌区地区生产总值 652.5 亿元、增速 9.1%，人均地区生产总值 9.1 万元。一般公共预算收入增速 2.0%，全社会研发经费投入增速 29.0%，城镇居民人均可支配收入 38362 元，国控省控地表水断面达到或好于 III 类水体比例为 100%，可吸入颗粒物（PM2.5）年均浓度为 49 微克/立方米。

2019 年，大渡口区地区生产总值 253.6 亿元、增速 5.3%，人均地区生产总值将近 7.1 万元。一般公共预算收入增速 8.2%，全社会研发经费投入增速 0.4%，城镇居民人均可支配收入 41096 元，国控省控地表水断面达到或好于 III 类水体比例为 100%，可吸入颗粒物（PM2.5）年均浓度为 38 微克/立方米。

2017 年，重庆西部被列为首批全国产业转型升级示范区，建设范围现包括江津区、永川区、荣昌区、大渡口区、重庆高新区全域。自 2017 年以来，在全国产业转型示范区建设年度评估中，重庆西部示范区 2 次被评为良好，2 次被评为合格。

十八、四川（自贡、宜宾）产业转型升级示范区

四川省自贡市位于四川盆地南部，辖 4 区 2 县，总面积 4381 平方千米，2019 年年末户籍人口 320 万人。宜宾市位于四川省东南部，金沙江、岷江和长江三江交汇处，地处云、贵、川三省结合部，辖 3 区 7

县，总面积 13283 平方千米，2019 年年末户籍人口 551.5 万人。

自贡因盐设市，历经"化工城"建设、"三线"建设和改革开放以来的发展积淀，依托国家节能环保装备新型工业化产业示范基地，形成了节能锅炉、CNG、LNG 设备等装备制造集群，获批国家战略性新兴产业集群发展工程（节能环保装备），依托国家新材料高新技术产业基地，形成了以高分子合成材料、金属及复合材料、新型碳材料、化工新材料为核心的先进材料产业体系。

宜宾市是我国典型的老工业城市，是第一张国产新闻纸的诞生地，是我国最早的氯化碱生产地，拥有国内最早定点的综合性磁性材料元器件的专业骨干企业。历经国家"一五"、"二五"和"三线"建设，宜宾市为国家经济建设、社会发展和国防安全作出了巨大贡献。近年来，宜宾市深度开发白酒、能源化工等传统优势产业，培育了新材料、轨道交通、智能制造等新兴产业。2013 年，自贡市、宜宾市被列入《全国老工业基地调整改造规划（2013—2022 年）》老工业城市名单，自贡市被列入《全国资源型城市可持续发展规划（2013—2020 年）》资源型城市名单。

2019 年，自贡市地区生产总值 1428.5 亿元，增速 7.8%，人均地区生产总值 4.9 万元。一般公共预算收入增长 8.4%，全社会研发经费投入增速 12.2%。城镇居民人均可支配收入 36622 元，增速 9.0%。国控省控地表水断面达到或好于 III 类水体比例 66.7%，可吸入颗粒物（PM2.5）年均浓度 44.9 微克 / 立方米。

2019 年，宜宾市地区生产总值 2601.9 亿元，增速 8.8%，人均地区生产总值 5.7 万元。一般公共预算收入增长 9.1%，全社会研发经费投入

29.4 亿元,增速 25.8%。城镇居民人均可支配收入 36694 元,增速 9.6%。国控省控地表水断面达到或好于 III 类水体比例 100%,可吸入颗粒物(PM2.5)年均浓度 46.7 微克 / 立方米。

2017 年,自贡市被列为首批全国产业转型升级示范区,建设范围为自贡市全域。因自贡市在年度评估中连续三年被评为优秀,按照《关于进一步推进产业转型升级示范区建设的通知》规定,2020 年,宜宾市被增列为四川产业转型升级示范区城市,建设范围为宜宾市全域。

自 2017 年以来,自贡市因老工业基地调整改造成效明显,2 次获国务院督查激励通报表扬;在全国产业转型示范区建设年度评估中,3 次被评为优秀,1 次被评为良好。宜宾市因老工业基地调整改造成效明显,1 次获国务院督查激励通报表扬。

十九、贵州六盘水产业转型升级示范区

六盘水市位于贵州省西部,辖 2 区 1 市 1 特区,总面积 9914 平方千米,2019 年年末户籍人口 353.21 万人。

六盘水市是国家"三线"建设时期发展起来的一座能源原材料工业城市,经历过因煤而生、因煤而建、因煤而兴的发展历程,形成了以煤炭、电力、冶金、建材和新型煤化工为支柱的工业体系。近年来,六盘水市不断优化产业结构,纺织、农产品加工、新材料、新型能源化工、旅游装备制造、现代物流、物联网等七大产业发展初见成效。2013 年,六盘水市先后被列入《全国老工业基地调整改造规划(2013—2022

年）》老工业城市名单和《全国资源型城市可持续发展规划（2013—2020 年）》资源型城市名单。

2019 年，六盘水市地区生产总值 1266.0 亿元，增速 7.5%，人均地区生产总值 4.2 万元。一般公共预算收入增长 –24.64%。全社会研发经费投入增速 3.8%。城镇居民人均可支配收入 33048 元，增速 8.8%。国控省控地表水断面达到或好于 III 类水体比例 94.1%，可吸入颗粒物（PM2.5）年均浓度 24 微克 / 立方米。

2019 年，六盘水市被列为第二批全国产业转型升级示范区，建设范围为六盘水市全域。自 2017 年以来，六盘水市因老工业基地调整改造成效明显，2 次获国务院督查激励通报表扬；在全国产业转型示范区建设年度评估中，1 次被评为优秀，1 次被评为合格。

二十、宁夏东北部产业转型升级示范区

宁夏东北部产业转型升级示范区的主体为石嘴山—宁东能源化工基地（以下简称"宁东基地"）。石嘴山市位于宁夏回族自治区北部，辖 2 区 1 县，总面积 5310 平方千米，常住人口 80.3 万人。宁东基地是宁夏回族自治区计划单列开发区，范围覆盖两个地级市的 5 个市县（区），总面积 4450 平方千米（核心区面积 800 平方千米），宁东镇常住人口 5.07 万人。

宁东基地是依煤而建、因煤而兴的老工业基地。其中石嘴山市是国家"一五"、"二五"和"三线"建设时期布局建设的以煤炭、电力、钢铁、煤炭机械、有色金属等产业为主的老工业基地，经过多年发展，已形成新材料、装备制造、电石化工、多元合金等产业集群。宁东基地是依托煤炭资源，以发展煤炭、煤电、煤化工等产业为主的国家级工业园区，是国家 14 个亿吨级大型煤炭生产基地、9 个千万千瓦级大型煤电基地、4 个现代煤化工产业示范区和循环经济示范区之一，其探明煤炭资源储量 331 亿吨，约占宁夏的 85%。2013 年，石嘴山市先后被列入《全国老工业基地调整改造规划（2013—2022 年）》老工业城市名单和《全国资源型城市可持续发展规划（2013—2020 年）》资源型城市名单。

2019 年，宁东基地地区生产总值分别为 511.2 亿元和 463.5 亿元，增速分别为 7.0% 和 10.6%，人均地区生产总值分别为 6.3 万元和 42.5 万元。两地区一般公共预算收入分别增长 3.2% 和 –22.37%，全社会研发经费投入增速分别为 19.7% 和 16.0%。两地区城镇居民人均可支配收入分别为 33016 元和 35252 元，增速分别为 8.0% 和 7.3%。两地区国控省控地表水断面达到或好于 III 类水体比例分别为 33.3% 和 100%，可吸入颗粒物（PM2.5）年均浓度分别为 36 微克 / 立方米和 29 微克 / 立方米。

2017 年，宁夏东北部被列为首批全国产业转型升级示范区，建设范围为石嘴山市和宁东基地全域。自 2017 年以来，在全国产业转型示范区建设年度评估中，宁夏东北部示范区 2 次被评为良好，2 次被评为合格。

第四章

总体发展成效

　　为全面总结示范区城市的转型发展成效，结合示范区年度评估工作，中咨公司选取了示范区城市 2020 年的部分统计数据，对其经济发展总体情况及前十大主导产业进行了初步梳理。分析结果表明，示范区城市优势主导产业集聚度高，地区生产总值和工业增加值大大高于全国老工业城市的平均水平，前十大主导产业工业总产值、上缴税收和规模以上工业企业数量分别占全部示范区城市的 75%、25% 和 50%，示范区城市在全国老工业城市中的影响力和带动力不断增强。

一、分析数据选取

1. 老工业城市范围

　　根据《全国老工业基地调整改造规划（2013—2022 年）》，全国老工业城市包含 95 个地级市和 25 个直辖市、计划单列市、省会城市的市辖区。考虑分析数据的可比性，选取全国老工业城市的范围为《全国老工业基地调整改造规划（2013—2022 年）》确定的 95 个地级老工业城市，再加上 2 个省会老工业城市（沈阳市、长春市）和 2 个示范区资源型城市（铜陵市、鄂尔多斯市）。

2. 经济发展总体情况分析

考虑到数据的可获取性，对于示范区经济发展总体情况的比较分析，我们选取了全国老工业城市公开统计数据中的地区生产总值、工业增加值和规模以上工业企业数量3个数据。

经济发展总体情况分析的示范区城市范围为 28 个市（区），即 2021 年建设方案修编后的 36 个市（区），但不含北京市（石景山区、门头沟区）和重庆市（永川区、江津区、荣昌区、大渡口区、重庆高新区）两个直辖市的 7 个区以及宁夏回族自治区宁东基地。

3. 年度发展态势分析

结合高质量发展绩效指标、"十四五"规划纲要指标和产业转型升级示范区 2020 年度进展评估 14 项指标，为方便与全国老工业城市进行比较，中咨公司选取了示范区年度评估指标中的 7 项数据，包括：

- 地区生产总值增速
- 人均地区生产总值
- 全社会研发经费投入增速
- 技术合同成交额占地区生产总值比重
- 城镇居民人均可支配收入增速
- 空气质量优良天数比率
- 国控省控地表水断面达到或好于 III 类水体比例

根据全国老工业城市公开统计数据，分析内容增加了科学技术支出、研发工作人员数量和专利授权数等数据。我们以此为基础，对各示范区城市 2020 年度的发展态势进行比较分析。

年度发展态势分析的示范区城市范围为 35 个市（区），即建设方案修编前的 36 个市（区），但不含宁夏回族自治区宁东基地。

4. 重点产业发展分析

考虑到统计数据的可获取和可比较等因素，中咨公司选取了地区生产总值、工业总产值、工业增加值、上缴税收、规模以上工业企业个数等数据用于分析老工业城市和示范区城市的产业发展情况。按照《国民经济行业分类》（GB/T 4754–2017）所列国民经济行业分类和代码，我们以国民经济第二产业中"B 采矿业"和"C 制造业"为示范区城市的重点产业分析范围。重点产业分析范围如表 4–1 所示。

表 4–1　重点产业分析范围表

序号	行业编号	行业类别	序号	行业编号	行业类别
1	B06	煤炭开采和洗选业	19	C25	石油、煤炭及其他燃料加工业
2	B07	石油和天然气开采业	20	C26	化学原料和化学制品制造业
3	B08	黑色金属矿采选业	21	C27	医药制造业

续表

序号	行业编号	行业类别	序号	行业编号	行业类别
4	B09	有色金属矿采选业	22	C28	化学纤维制造业
5	B10	非金属矿采选业	23	C29	橡胶和塑料制品业
6	B12	其他采矿业	24	C30	非金属矿物制品业
7	C13	农副食品加工业	25	C31	黑色金属冶炼和压延加工业
8	C14	食品制造业	26	C32	有色金属冶炼和压延加工业
9	C15	酒、饮料和精制茶制造业	27	C33	金属制品业
10	C16	烟草制品业	28	C34	通用设备制造业
11	C17	纺织业	29	C35	专用设备制造业
12	C18	纺织服装、服饰业	30	C36	汽车制造业
13	C19	皮革、毛皮、羽毛及其制品和制鞋业	31	C37	铁路、船舶、航空航天和其他运输设备制造业

续表

序号	行业编号	行业类别	序号	行业编号	行业类别
14	C20	木材加工和木、竹、藤、棕、草制品业	32	C38	电气机械和器材制造业
15	C21	家具制造业	33	C39	计算机、通信和其他电子设备制造业
16	C22	造纸和纸制品业	34	C40	仪器仪表制造业
17	C23	印刷和记录媒介复制业	35	C41	其他制造业
18	C24	文教、工美、体育和娱乐用品制造业			

重点产业发展分析的示范区城市范围为 28 个市（区），即建设方案修编前的 36 个市（区），但不含提供重点产业数据不全的长治市、包头市、鄂尔多斯市、鞍山市、抚顺市、徐州市、黄石市和石嘴山市等 8 个城市。

二、经济发展总体情况

28 个示范区城市 ① 地区生产总值达 83973 亿元，约占全国老工业城市的 40%；工业增加值达 22344 亿元，约占全国老工业城市的 43%；规模以上工业企业个数达 25316 家，约占全国老工业城市的 32%。

从统计数据的平均值看，示范区城市地区生产总值、工业增加值和规模以上工业企业数量的平均值分别为 3000 亿元、972 亿元和 938 家，大大高于全国老工业城市的平均水平，示范区城市的产业发展基本可代表全国老工业城市的产业发展状况。但从区域经济发展来看，西部地区示范区城市的地区生产总值、工业增加值和规模以上工业企业的数量要落后于全国老工业城市的平均水平。

1. 平均地区生产总值高于全国老工业城市平均值

分区域看，除西部地区示范区城市的平均地区生产总值 2077 亿元低于全国老工业城市 2140 亿元的平均值外，东部、中部和东北地区示范区城市的平均地区生产总值均高于全国老工业城市平均值，分别达到了 4889 亿元、2464 亿元和 3414 亿元。

各区域示范区城市平均地区生产总值与老工业城市对比情况如图 4-1 所示。

分城市看，江苏徐州、河北唐山、辽宁大连经济体量较大，地区生产总值均超过了 7000 亿元，但宁夏石嘴山、吉林松原、辽宁抚顺的地区生产总值均不足 900 亿元。

---

① 按 2021 年修编后的 36 个市（区），但不含北京市（石景山区、门头沟区）和重庆市（永川区、江津区、荣昌区、大渡口区、重庆高新区）2 个直辖市的 7 个区以及宁夏回族自治区宁东基地。

地区生产总值（亿元）

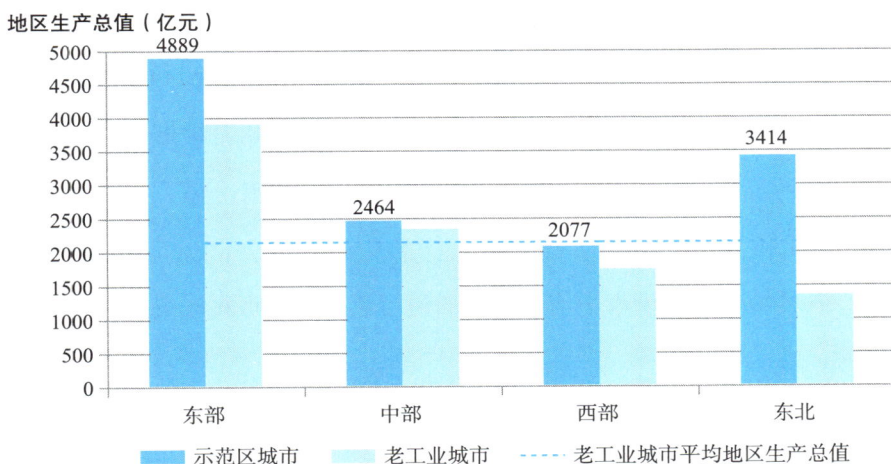

图 4-1　示范区城市与老工业城市平均地区生产总值对比

地区生产总值较高和较低的示范区城市如表 4-2 所示。

表 4-2　地区生产总值较高和较低的示范区城市（区）

较高的示范区城市（区）			较低的示范区城市（区）		
地区	城市（区）	地区生产总值（亿元）	地区	城市（区）	地区生产总值（亿元）
东部	江苏徐州市	7320	中部	安徽铜陵市	1004
	河北唐山市	7211		江西萍乡市	964
东北	辽宁大连市	7030	东北	辽宁抚顺市	828
	吉林长春市	6638		吉林松原市	753
	辽宁沈阳市	6572	西部	宁夏石嘴山市	542
中部	河南洛阳市	5128			
	湖北襄阳市	4602			

2. 平均工业增加值高于老工业城市平均值

分区域看，除西部地区示范区城市的平均工业增加值584亿元略低于全国老工业城市688亿元的平均值外，东部、中部和东北地区示范区城市平均工业增加值均高于老工业城市平均值，分别达到了1587亿元、953亿元和1007亿元。

各区域示范区城市平均工业增加值与老工业城市对比情况如图4-2所示。

工业增加值（亿元）

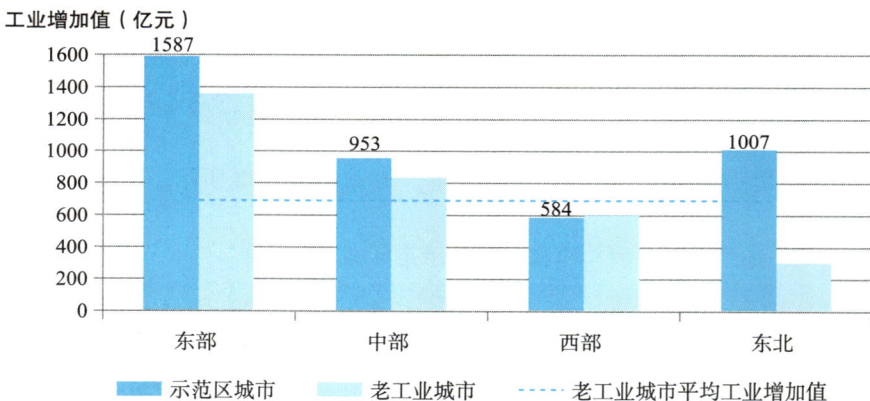

图4-2　示范区城市与老工业城市平均工业增加值对比

分城市看，江苏徐州、辽宁大连和辽宁沈阳工业增加值较高，均超过了2000亿元，但吉林松原和宁夏石嘴山工业增加值较低，不足300亿元。工业增加值较高和较低的示范区城市（区）如表4-3所示。

表 4–3　工业增加值较高和较低的示范区城市（区）

较高的示范区城市（区）			较低的示范区城市（区）		
地区	城市（区）	工业增加值 （亿元）	地区	城市（区）	工业增加值 （亿元）
东部	江苏徐州市	2935	中部	江西萍乡市	359
东北	辽宁大连市	2327	东北	辽宁抚顺市	354
	辽宁沈阳市	2160	东部	广东韶关市	321
中部	湖北襄阳市	1883	西部	宁夏石嘴山市	218
东部	山东淄博市	1505	东北	吉林松原市	93

3. 平均规模以上工业企业数量高于老工业城市平均值

分区域看，东部和中部地区示范区城市平均规模以上工业企业数量大大高于老工业城市 776 家的平均水平，分别达到了 1475 家和 1069 家，东北地区略高于老工业城市平均水平，西部地区则与老工业城市平均水平有较大差距。

各区域示范区城市平均规模以上工业企业数量与老工业城市对比情况如图 4–3 所示。

分城市看，江苏徐州、辽宁大连、河北唐山拥有的规模以上工业企业数量近 2000 家，吉林松原、辽宁抚顺、宁夏石嘴山规模以上工业企业数量较少，不足 300 家。

规模以上工业企业数量（家）

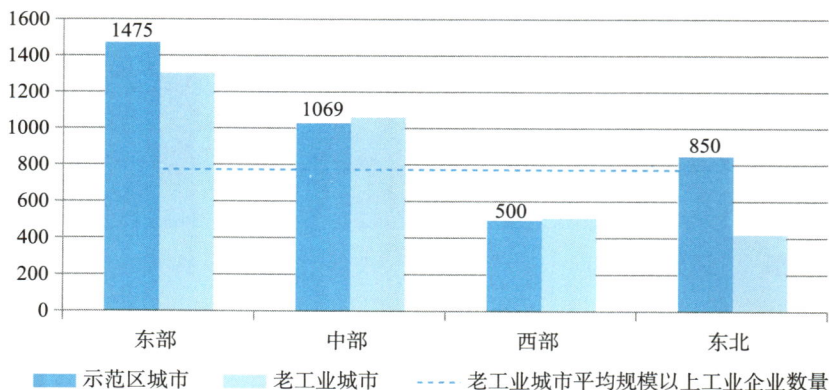

图 4-3　示范区城市与老工业城市平均规模以上工业企业数量对比

规模以上工业企业数量较多和较少的示范区城市（区）如表4-4所示。

表 4-4　规模以上工业企业数量较多和较少的示范区城市（区）

较多的示范区城市（区）			较少的示范区城市（区）		
地区	城市（区）	企业数（家）	地区	城市（区）	企业数（家）
东部	江苏徐州市	1933	西部	内蒙古包头市	408
东北	辽宁大连市	1906		贵州六盘水市	386
东部	河北唐山市	1837		宁夏石嘴山市	295
中部	河南洛阳市	1797	东北	辽宁抚顺市	260
	湖北襄阳市	1697		吉林松原市	253
	山东淄博市	1626			

三、年度发展态势分析

1. 疫后经济快速恢复，示范区发挥了引领带动作用

2020 年，面对新冠肺炎疫情冲击和复杂的内外部环境，示范区城市经受住了巨大考验，经济呈现快速恢复态势。从统计数据看，示范区城市地区生产总值增速及人均地区生产总值均高于全国同期和老工业城市同期水平，领跑全国经济复苏，较好地发挥了示范作用。但东北地区部分城市地区生产总值增速较缓，人均地区生产总值不高，中心城市的动力源作用有待进一步释放。

（1）地区生产总值增速高于老工业城市和全国同期平均水平

初步测算，2020 年示范区城市平均地区生产总值增速 2.7%，高于全国老工业城市同期水平（2.5%）和全国同期水平（2.3%）。其中，湖北省黄石市受新冠肺炎疫情影响，地区生产总值降速较大。示范区城市 2020 年地区生产总值增速与全国和老工业城市平均水平对比情况如图 4-4 所示。

分区域看，西部、东部和中部地区示范区城市地区生产总值增速均高于全国增速，分别达到了 3.62%、3.18% 和 2.76%。特别是石嘴山市、长治市和重庆市荣昌区地区生产总值增速分别达到 6.0%、5.1% 和 4.9%，但东北地区示范区城市地区生产总值增速较缓，抚顺市降幅达 3%，吉林市、鞍山市、大庆市、沈阳市和大连市增幅不足 1%。

各区域示范区地区生产总值增速如图 4-5 所示。

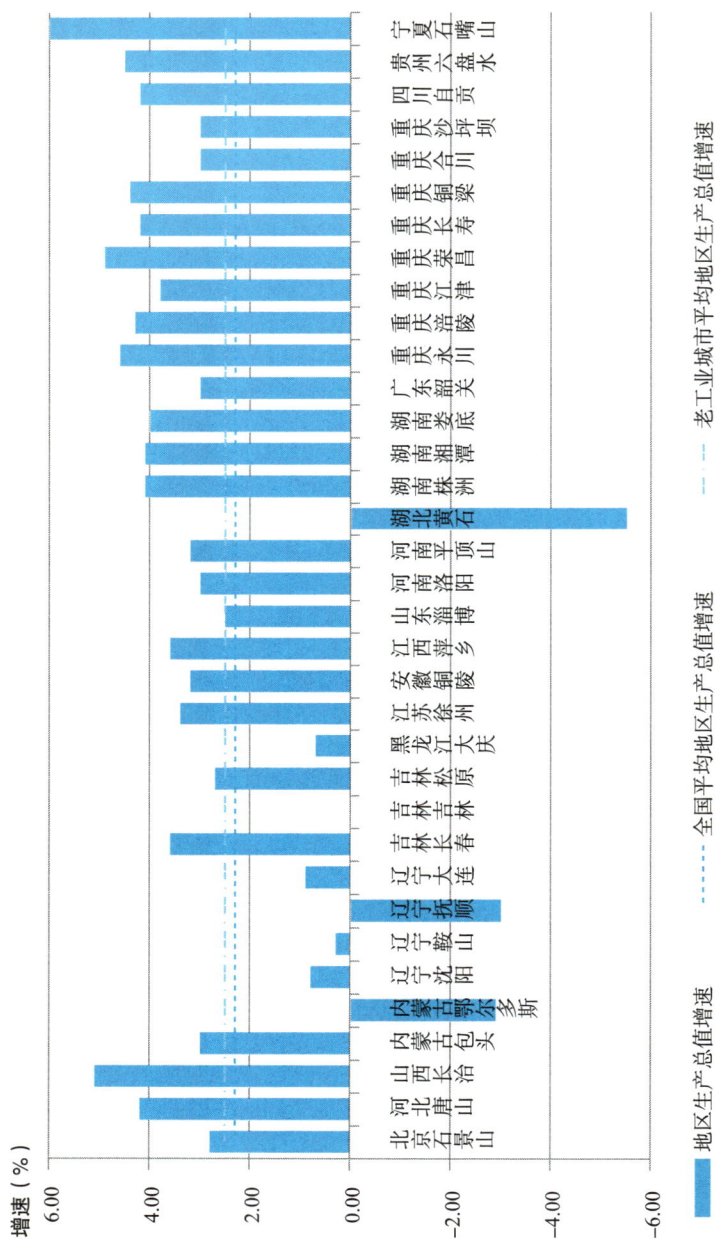

图 4-4 示范区城市 2020 年地区总值增速

- ■ 地区生产总值增速
- —— 全国平均地区生产总值增速
- —— 老工业城市平均地区生产总值增速

增速（%）

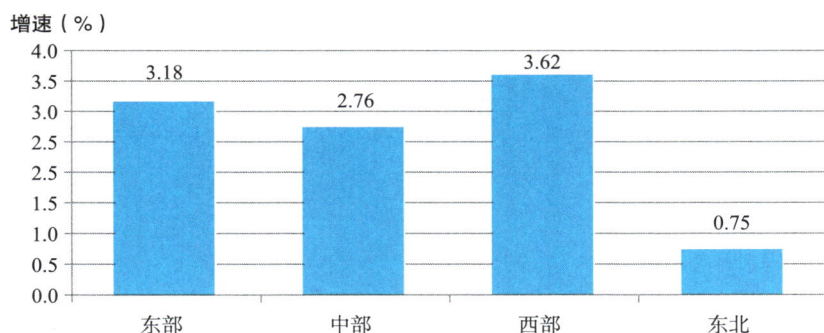

图 4-5 各区域示范区 2020 年地区生产总值增速

各区域示范区 2020 年地区生产总值增速较快和较慢的城市（区）如表 4-5 所示。

表 4-5 2020 年地区生产总值增速较快和较慢的示范区城市（区）

增长较快的示范区城市（区）			增长较慢的示范区城市（区）		
地区	城市（区）	增速（%）	地区	城市（区）	增速（%）
西部	宁夏石嘴山市	6	东北	吉林松原市	2.7
中部	山西长治市	5.1	东部	山东淄博市	2.5
西部	重庆荣昌区	4.9	东北	辽宁大连市	0.9
	重庆永川区	4.6		辽宁沈阳市	0.8
	贵州六盘水市	4.5		黑龙江大庆市	0.7
	重庆铜梁区	4.4		辽宁鞍山市	0.3
	重庆涪陵区	4.3		吉林吉林市	0

续表

增长较快的示范区城市（区）			增长较慢的示范区城市（区）		
地区	城市（区）	增速（%）	地区	城市（区）	增速（%）
西部	重庆长寿区	4.2	西部	内蒙古鄂尔多斯市	-2.9
	四川自贡市	4.2	东北	辽宁抚顺市	-3.0
东部	河北唐山市	4.2	中部	湖北黄石市	-5.5

（2）人均地区生产总值高于老工业城市和全国同期平均水平

示范区城市人均地区生产总值 7.10 万元[1]，高于全国老工业城市同期平均水平（5.48 万元）和全国同期平均水平（7.08 万元）。

示范区城市人均地区生产总值与全国和老工业城市平均水平对比情况如图 4-6 所示。

分区域看，东部地区示范区城市人均地区生产总值较高，达到 8.78 万元，西部、东北和中部地区示范区城市人均地区生产总值分别为 7.73 万元、6.25 万元和 6.01 万元。特别是北京市石景山区、唐山市、包头市、鄂尔多斯市、沈阳市、长春市、大庆市、徐州市、淄博市、洛阳市、黄石市、株洲市、湘潭市、重庆市[2]人均地区生产总值较高，均高于全国和全国老工业城市同期平均水平。但抚顺市、松原市和吉林市人均地区生产总值不足 4 万元。

各区域示范区人均地区生产总值如图 4-7 所示。

---

[1] 2019 年数据，以下同。

[2] 此处指重庆市永川区、涪陵区、江津区、荣昌区、长寿区、铜梁区和沙坪坝区。

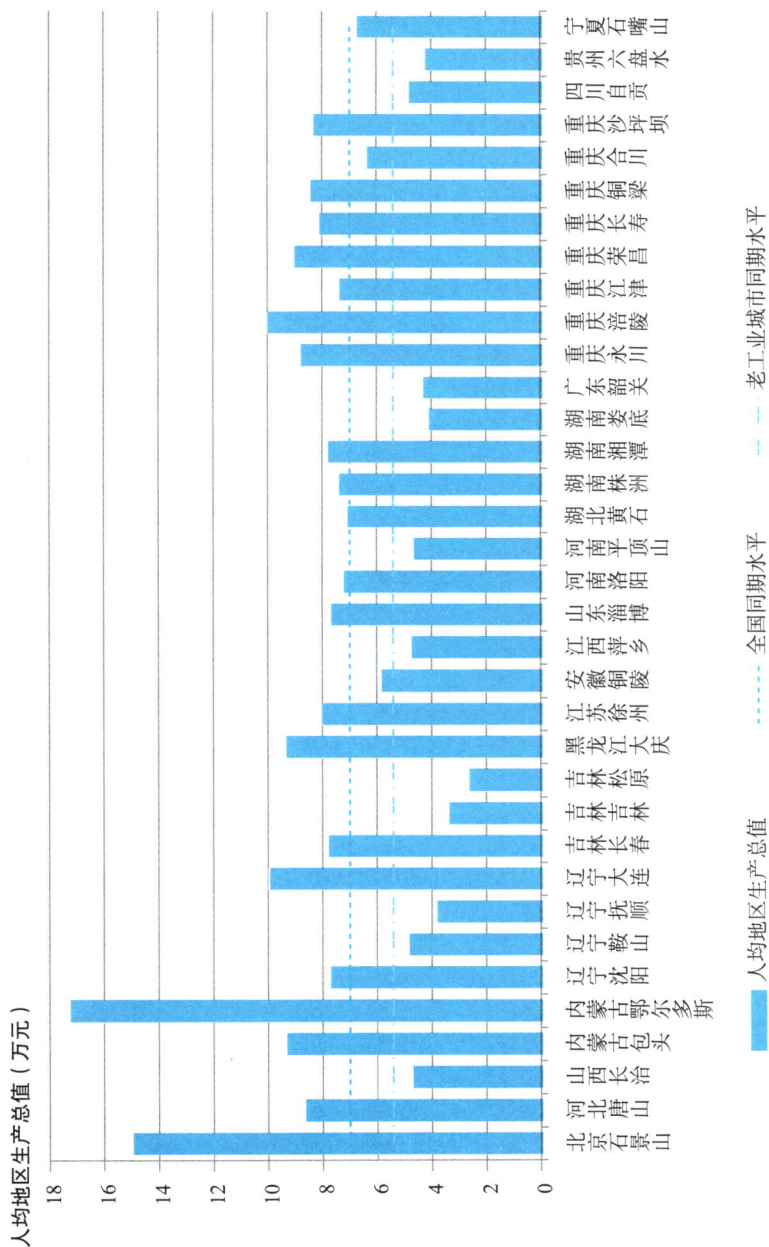

图4-6　示范区城市人均地区生产总值

人均地区生产总值（万元）

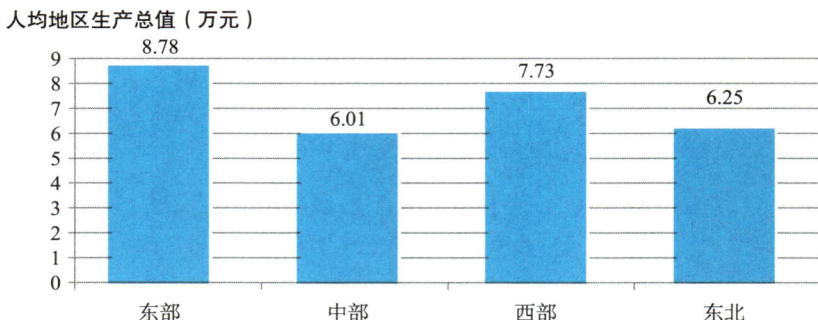

图4-7　各区域示范区人均地区生产总值

各区域示范区人均地区生产总值较高和较低的城市（区）如表4-6所示。

表4-6　人均地区生产总值较高和较低的示范区城市（区）

较高的示范区城市（区）			较低的示范区城市（区）		
地区	城市（区）	人均地区生产总值（万元）	地区	城市（区）	人均地区生产总值（万元）
西部	内蒙古鄂尔多斯市	17.30	西部	四川自贡市	4.89
东部	北京石景山区	15.00		江西萍乡市	4.80
西部	重庆涪陵区	10.08	中部	山西长治市	4.76
东北	辽宁大连市	10.00		河南平顶山市	4.72
	黑龙江大庆市	9.40	东部	广东韶关市	4.37
西部	内蒙古包头市	9.38	西部	贵州六盘水市	4.30
	重庆荣昌区	9.09	中部	湖南娄底市	4.17
	重庆永川区	8.85	东北	辽宁抚顺市	3.97

续表

较高的示范区城市（区）			较低的示范区城市（区）		
地区	城市（区）	人均地区生产总值（万元）	地区	城市（区）	人均地区生产总值（万元）
东部	河北唐山市	8.70	东北	吉林吉林市	3.44
西部	重庆铜梁区	8.49		吉林松原市	2.70

2. 研发投入持续增加，但科技创新活力仍需加强

示范区坚持创新驱动发展战略，持续加大研发投入。统计数据显示，示范区城市的全社会研发投入增速、一般公共预算中用于科学技术支出、从事研发工作人员数量和专利授权数均明显高于全国或老工业城市平均水平。但除东部地区示范区城市外，其他地区技术合同成交额占地区生产总值比重仍低于全国平均水平，说明示范区城市的科技创新活力仍显不足，科研成果转化和技术转移效率有待提升。这也反映了科技创新是"慢变量"，各示范区特别是西部地区示范区要进一步营造出更好的技术市场环境，更好地服务创新驱动发展战略。

（1）全社会研发经费投入增速高于全国同期平均水平

示范区城市平均全社会研发经费投入增速达 18.3%（2019 年数据），高于全国同期平均水平（12.5%）。

示范区城市全社会研发经费投入增速与全国平均水平对比情况如图 4-8 所示。

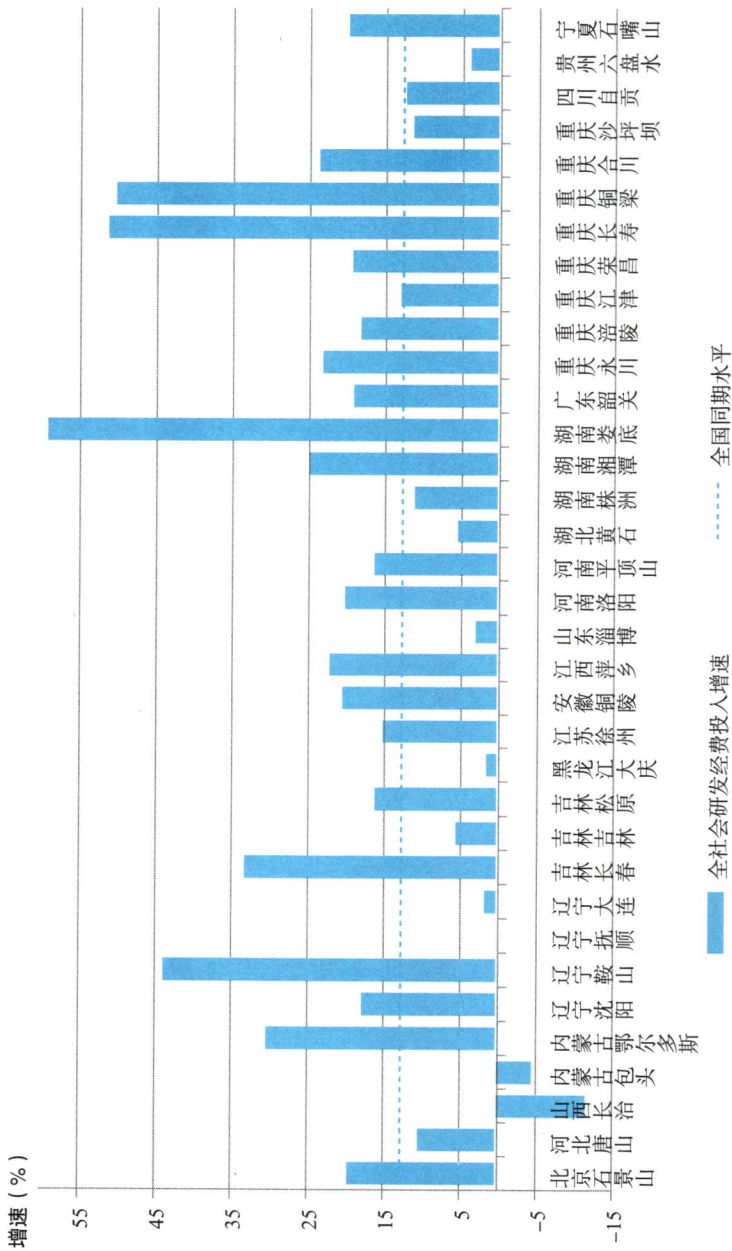

图 4-8　示范区城市全社会研发经费投入增速

分区域看，东部、中部、西部和东北地区研发经费投入增速均高于全国同期水平，增速分别达到了 13.3%、18.5%、20.6% 和 16.9%。特别是鄂尔多斯市、长春市、娄底市、重庆市长寿区和铜梁区研发经费投入增速超过 30%。但个别示范区城市增速较慢，长治市和包头市呈现负增长。

各区域示范区全社会研发经费投入增速如图 4-9 所示。

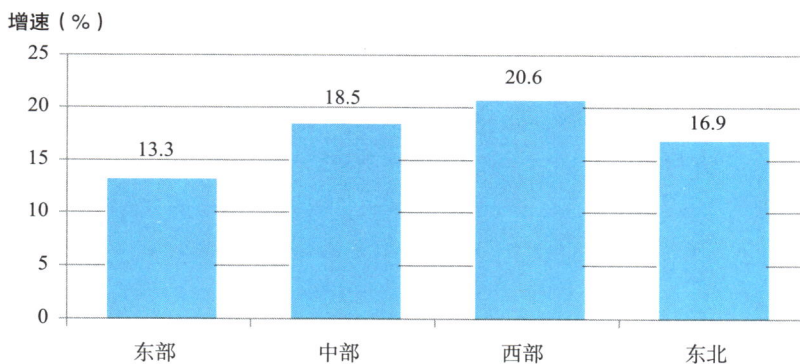

图 4-9 各区域示范区全社会研发经费投入增速

各区域示范区全社会研发经费投入增速较快和较慢的城市（区）如表 4-7 所示。

表 4-7 全社会研发经费投入增速较快和较慢的示范区城市（区）

增速较快的示范区城市（区）			增速较慢的示范区城市（区）		
地区	城市（区）	增速（%）	地区	城市（区）	增速（%）
中部	湖南娄底市	58.9	中部	湖南株洲市	10.9

增速较快的示范区城市（区）			增速较慢的示范区城市（区）		
地区	城市（区）	增速（%）	地区	城市（区）	增速（%）
西部	重庆长寿区	51.0	东部	河北唐山市	10.2
西部	重庆铜梁区	50.0	东北	吉林吉林市	5.4
东北	辽宁鞍山市	43.6	中部	湖北黄石市	5.1
东北	吉林长春市	33.0	西部	贵州六盘水市	3.8
西部	内蒙古鄂尔多斯市	30.1	东部	山东淄博市	2.9
中部	湖南湘潭市	24.9	东北	辽宁大连市	1.6
西部	重庆合川区	23.5	东北	黑龙江大庆市	1.4
西部	重庆永川区	23.0	西部	内蒙古包头市	−4.7
中部	江西萍乡市	22.0	中部	山西长治市	−11.7

（2）科学技术支出、研发工作人员数量和专利授权数大大高于老工业城市平均水平

示范区城市一般公共预算中用于科学技术支出的平均数为 27.12 亿

元①（约为全国老工业城市平均水平的4倍），占一般公共预算的3.13%，高于全国老工业城市平均水平（1.68%）。平均每个城市从事研发工作人员约4.1万人（约为全国老工业城市平均水平的4倍），专利授权数9993件（约为全国老工业城市平均水平的3倍）。

示范区城市与全国老工业城市一般公共预算中用于科学技术支出及占比情况如图4-10所示。

支出金额（亿元）　　　　　　　　　　　　　　　　　　支出比重（%）

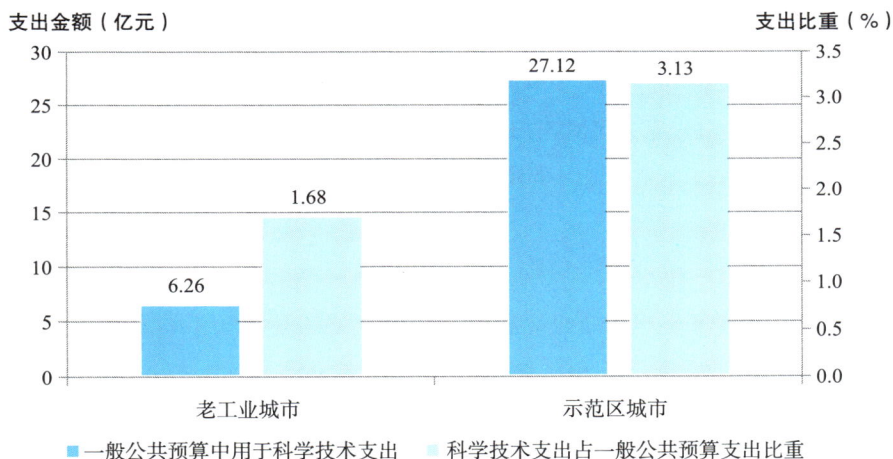

图4-10　示范区城市与全国老工业城市一般公共预算中
用于科学技术支出及占比情况

各示范区城市与全国老工业城市从事研发工作人员数量及专利授权数如图4-11所示。

_____

① 2019年数据。

研发人员（万人）　　　　　　　　　　　　　　　　　专利授权（件）

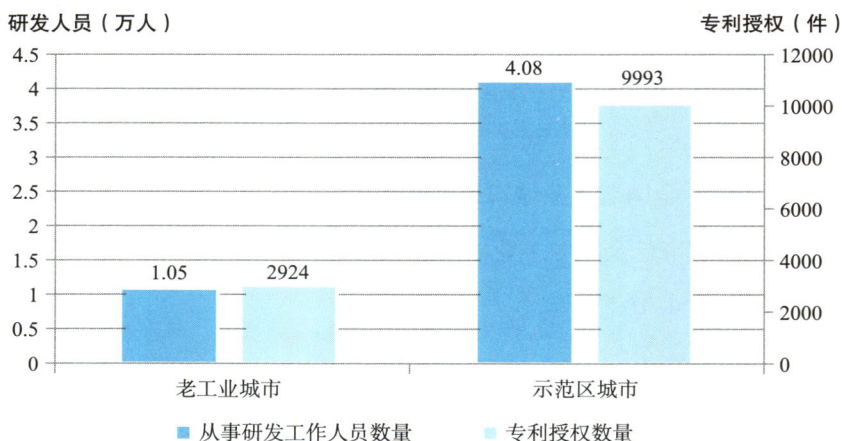

图 4-11　示范区城市与全国老工业城市从事研发工作人员
数量及专利授权数

分区域看，示范区城市都十分重视科技投入，各区域一般公共预算中用于科学技术支出的资金占比均高于全国老工业城市平均水平。特别是东部地区一般公共预算支出中用于科学技术支出的金额高达 98.7 亿元，约占一般公共预算支出的 5%，东部地区从事研发工作人员数量和专利授权数量也遥遥领先，高达 17.6 万人和 3.16 万件。但西部和东北地区一般公共预算中用于科学技术支出占比不高，西部地区从事研发工作人员数量偏少。

各区域科学技术支出及占比、研发工作人员数量和专利授权数如表 4-8 所示。

表4-8　各区域科学技术支出及占比、研发工作人员数量和专利授权数

区域	地方一般公共预算支出中科学技术支出（万元）	科学技术支出占地方一般公共预算支出比重（%）	从事研发工作人员数量（人）	专利授权数量（件）
东部	987235	4.95	176457	31639
中部	108377	2.98	15796	3071
西部	170392	1.57	6717	8263
东北	82457	1.47	32047	4914

（3）技术合同成交额占地区生产总值比重低于全国同期平均水平

示范区城市平均技术合同成交额占地区生产总值比重为2.6%，低于全国同期平均水平（2.8%）。从统计数据[①]可看出，除北京市石景山区、大连市、长春市、铜陵市、淄博市、株洲市、湘潭市和重庆市长寿区外，大部分示范区域市（区）技术合同成交额占地区生产总值比重均低于全国平均水平，示范区城市的技术合同成交额偏低。

示范区城市技术合同成交额占地区生产总值比重与全国平均水平对比情况如图4-12所示。

---

① 沈阳市和重庆市江津区无此数据。

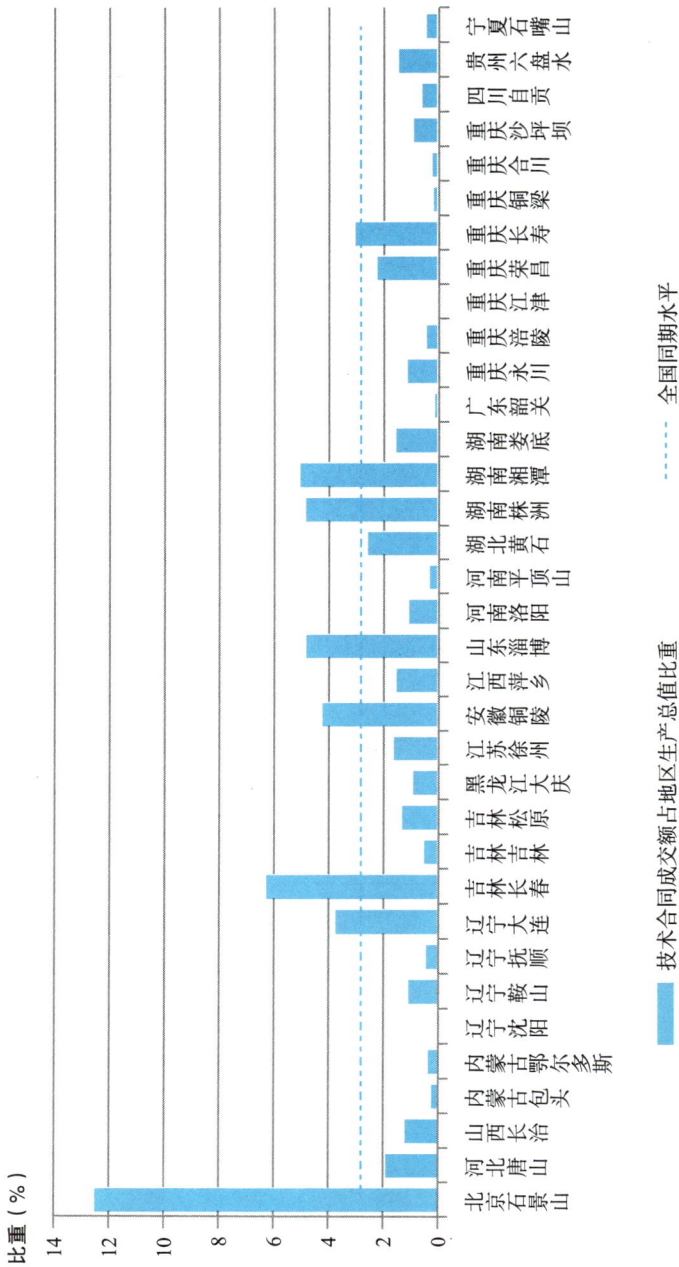

图 4-12　示范区城市技术合同成交额占地区生产总值比重

分区域看，东部示范区城市科技资源丰富，创新生态较好，技术合同成交额占地区生产总值比重达到 4.2%，远高于全国同期水平。其他地区虽然技术市场发展较快，但由于基数较小，特别是西部地区示范区城市平均技术合同成交额占地区生产总值比重仅为 0.9%，示范区城市在"十四五"期间应全力营造出更好的技术市场生态环境，更好地服务于创新驱动发展战略。

各区域示范区城市技术合同成交额占地区生产总值比重如图 4-13 所示。

比重（%）

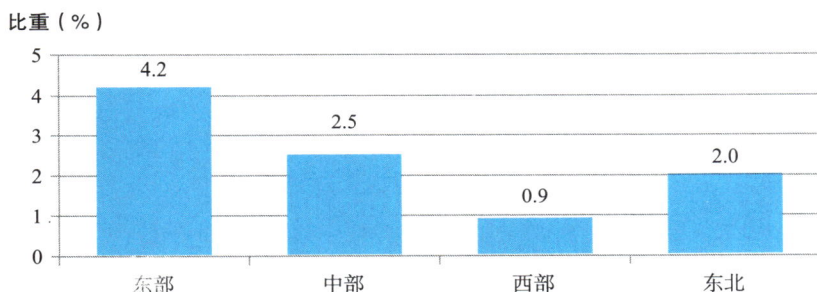

图 4-13　各区域示范区城市技术合同成交额占地区生产总值比重

各区域示范区技术合同成交额占地区生产总值比重较高和较低的城市（区）如表 4-9 所示。

表 4-9　技术合同成交额占地区生产总值比重较高和较低的示范区城市（区）

占比较高的示范区城市（区）			占比较低的示范区城市（区）		
地区	城市（区）	比重 (%)	地区	城市（区）	比重 (%)
东部	北京石景山区	12.5	东北	吉林吉林市	0.50

续表

占比较高的示范区城市（区）			占比较低的示范区城市（区）		
地区	城市（区）	比重(%)	地区	城市（区）	比重(%)
东北	吉林长春市	6.25	东北	辽宁抚顺市	0.43
中部	湖南湘潭市	5.02	西部	重庆涪陵区	0.41
中部	湖南株洲市	4.81	西部	宁夏石嘴山市	0.40
东部	山东淄博市	4.80	西部	内蒙古鄂尔多斯市	0.36
中部	安徽铜陵市	4.20	中部	河南平顶山市	0.30
东北	辽宁大连市	3.72	西部	内蒙古包头市	0.24
西部	重庆长寿区	3.00	西部	重庆合川区	0.20
中部	湖北黄石市	2.55	西部	重庆铜梁区	0.15
西部	重庆荣昌区	2.20	东部	广东韶关市	0.05

3. 绿色发展初显成效，人民生活水平逐步改善

示范区城市坚持"绿水青山就是金山银山"的发展理念，积极开展环境整治和发展循环经济，人民生活水平得到了较大提升。从共享发展指标看，示范区城市从事第二产业人员比重大，人均可支配收入增速和在岗人员平均工资均高于全国和老工业城市同期水平。从环境生态指标

看，示范区城市水质得到了明显改善，建成区绿化率高于老工业城市平均水平，但空气质量有待进一步提高。除西部地区示范区外，其他地区空气质量优良天数比率均未达到全国平均水平，"十四五"时期示范区城市生态修复治理和绿色高质量发展依然任重道远。

（1）城镇居民人均可支配收入增速高于全国平均水平，第二产业从业人员比重高于全国老工业城市平均值

示范区城市城镇居民人均可支配收入增速达 4.2%，高于全国平均水平（3.5%）。示范区城市城镇居民人均可支配收入增速与全国平均增速对比情况如图 4-14 所示。

示范区城市第一产业从业人员比重为 0.5%，低于全国老工业城市平均值（2.3%），第二产业从业人员比重为 42.2%，高于全国老工业城市平均值（39.8%），第三产业从业人员比重为 57.3%，与全国老工业城市平均值基本持平（57.9%）。

示范区城市与老工业城市三次产业从业人员比例如图 4-15 所示。

分区域看，东部示范区城市的城镇居民人均可支配收入增速为 3.9%，三次产业从业人员比例为 0.66 ： 37.95 ： 61.39；中部示范区城市的城镇居民人均可支配收入增速为 4.1%，三次产业从业人员比例为 0.26 ： 48.27 ： 51.47；西部示范区城市的城镇居民人均可支配收入增速为 5.4%，三次产业从业人员比例为 0.21 ： 38.98 ： 60.82；东北示范区城市的城镇居民人均可支配收入增速为 2.6%，三次产业从业人员比例为 0.97 ： 40.31 ： 58.72。各区域城镇居民人均可支配收入增速如图 4-16 所示。

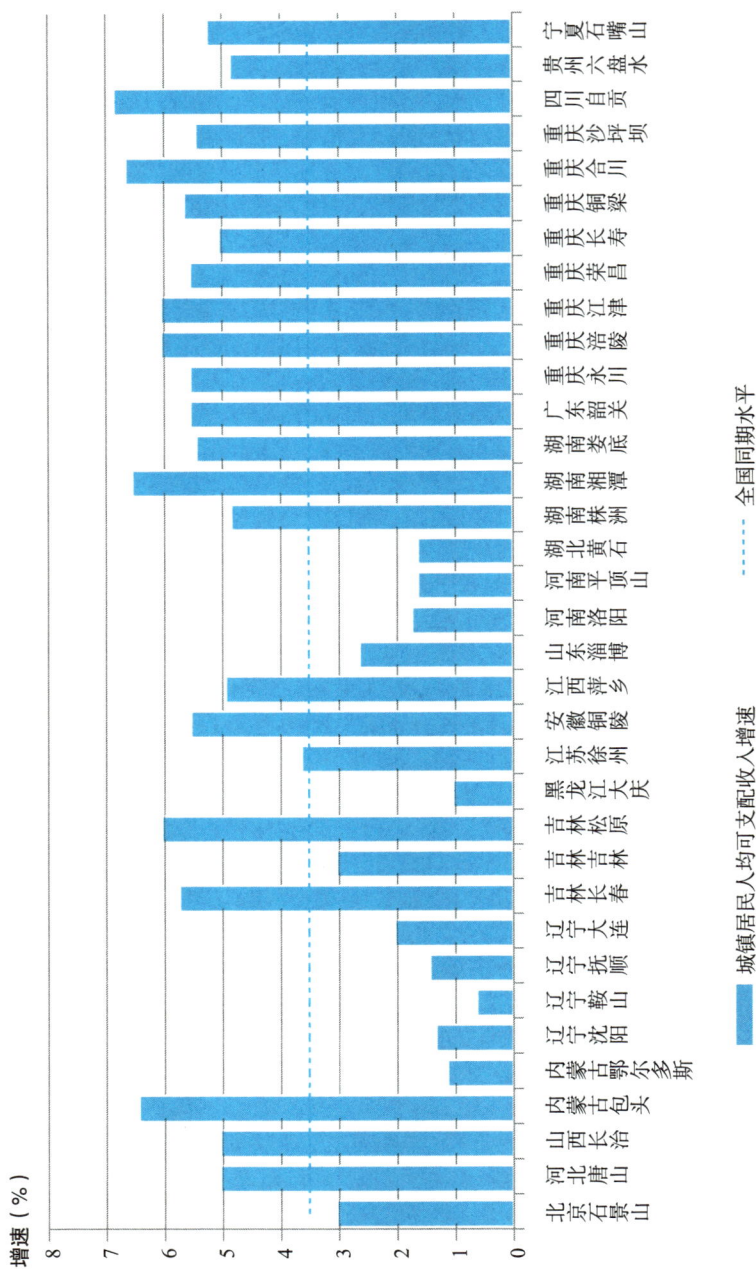

图 4-14　示范区城市城镇居民人均可支配收入增速

■ 城镇居民人均可支配收入增速　------ 全国同期水平

比例（%）

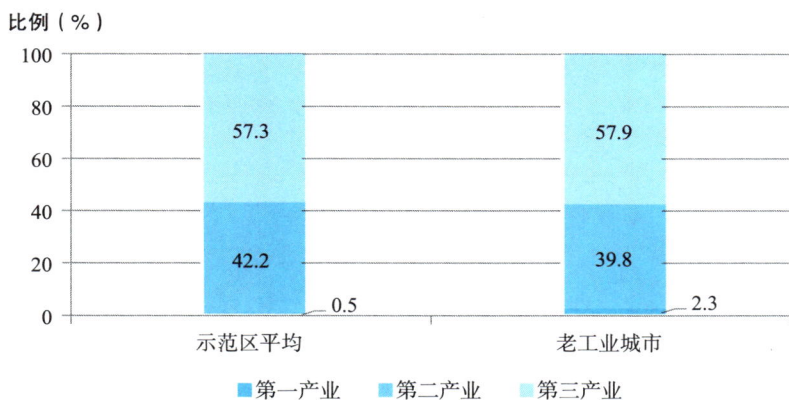

图 4-15 示范区城市与老工业城市三次产业从业人员比例

增速（%）

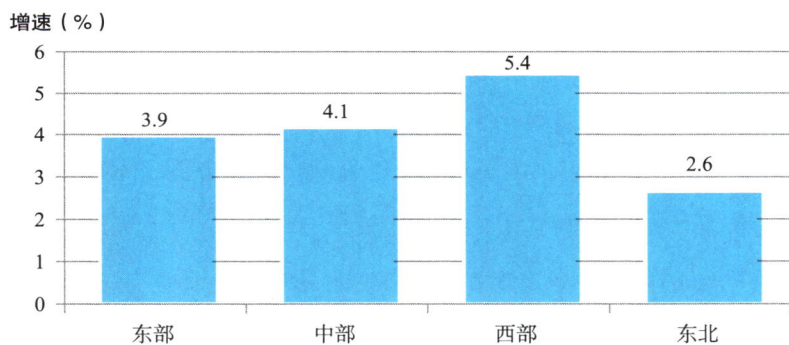

图 4-16 各区域城镇居民人均可支配收入增速

各区域示范区城市三次产业从业人员比例如图 4-17 所示。

比例（%）

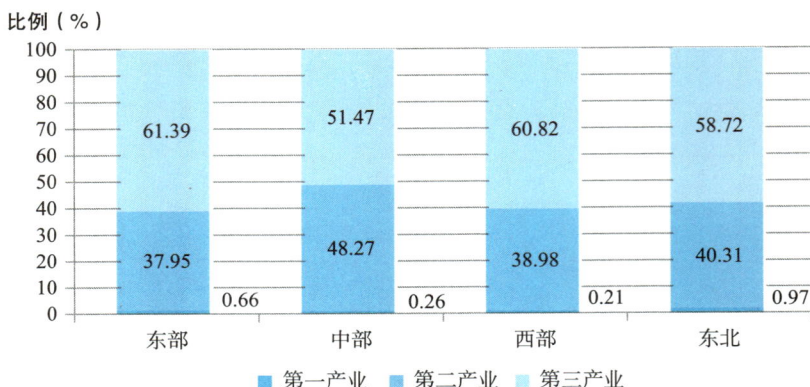

图 4-17　各区域三次产业从业人员比例

（2）国控省控地表水断面达到或好于Ⅲ类水体比例好于全国平均水平，但空气质量优良天数比率与全国平均水平相比还有差距

在水质方面，示范区城市国控省控地表水断面达到或好于Ⅲ类水体比例达 88.6%，好于全国平均水平。在空气质量方面，示范区城市空气质量优良天数比率仅为 84.2%，相较于 2020 年全国地级以上城市优良天数 87% 的比率略有差距。

示范区城市空气质量优良天数比率与全国平均水平对比情况如图 4-18 所示。

分区域看，西部地区示范区空气质量天数比率最高达到 87.7%，是唯一高于全国平均水平的地区；中部地区和西部地区示范区国控省控地表水断面达到或好于Ⅲ类水体比例较高，均超过了 90%，特别是中部地区示范区达到了 97.3%。

各区域水质和空气质量指标情况如图 4-19 所示。

图 4-18　示范区城市空气质量优良天数比率

空气质量优良天数比率　-------- 全国同期水平

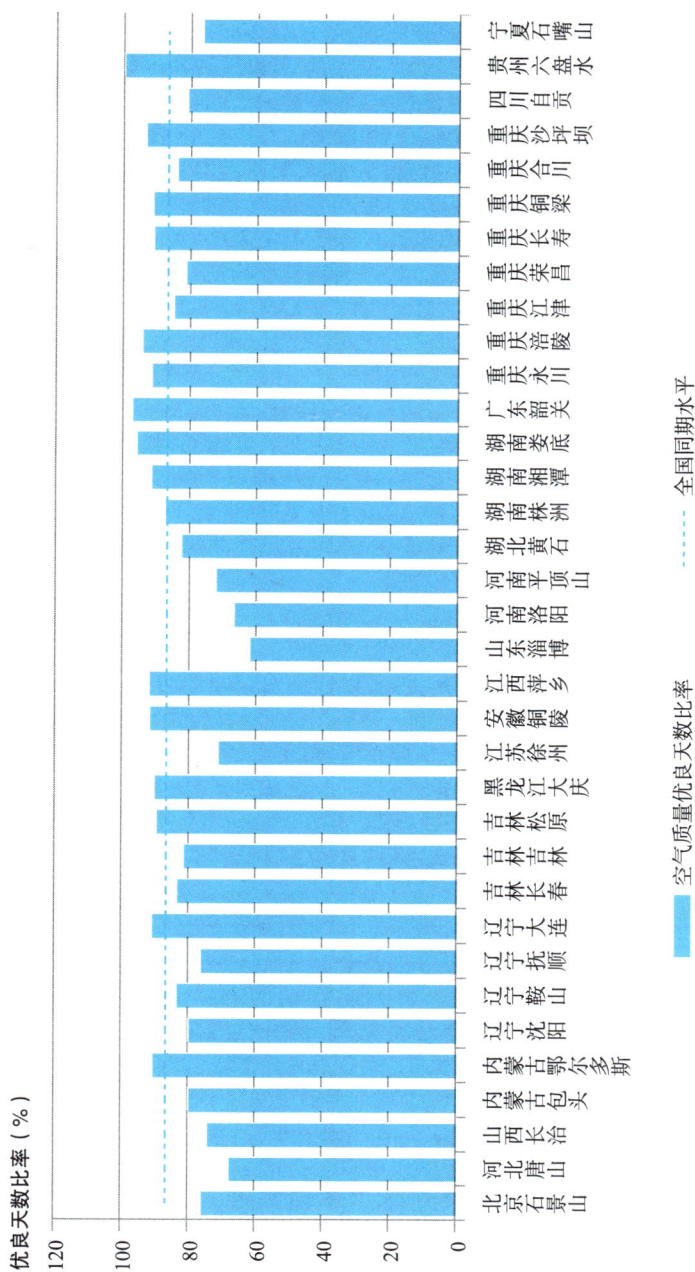

比率（%）

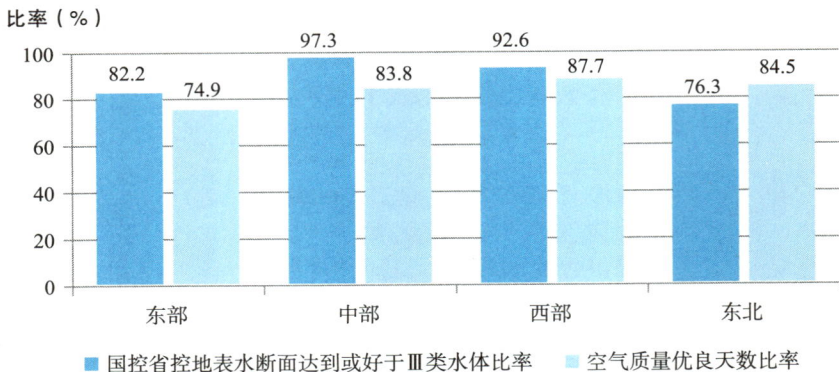

图 4-19　各区域水质和空气质量指标情况

四、重点产业发展分析

"十三五"期间，示范区城市在装备制造、汽车、石油化工、电子信息、农产品加工等领域建设了一批特色鲜明、竞争力强的产业集群。从 20 个示范区城市的统计数据看，前十大主导产业分别为汽车制造业、黑色金属冶炼和压延加工业，化学原料和化学制品制造业，石油、煤炭及其他燃料加工业，非金属矿物制品业，农副食品加工业，有色金属冶炼和压延加工业，通用设备制造业，金属制品业，电气机械和器材制造业。这些产业占示范区城市工业总产值的 3/4，上缴税收约占示范区城市财政收入的 1/4，聚集规模以上工业企业数量约占示范区城市的 1/2。

需要说明的是，长治市、包头市、鄂尔多斯市、鞍山市、抚顺市、徐州市、黄石市和石嘴山市等 8 个城市因提供的重点产业统计数据不全，故本章分析不含这 8 个示范区城市，但长治市、抚顺市、鄂尔多斯和石嘴山市在石油、煤炭及其他燃料加工业，包头市、鞍山市和黄石市在黑色金属冶炼和压延加工业，徐州市在通用设备和专用设备制造业等，均已形成规模较大的产业集群。示范区城市主要产业工业总产值、上缴税收、规模以上工业企业数量情况如表4-10所示。

表4-10　示范区城市主要产业指标情况

序号	主要产业	工业总产值（亿元）	上缴税收（亿元）	规模以上工业企业（家）
1	汽车制造业	11849.0	306.5	1148
2	黑色金属冶炼和压延加工业	9363.1	246.7	275
3	化学原料和化学制品制造业	5118.6	83.3	1551
4	石油、煤炭及其他燃料加工业	4118.8	267.6	173
5	非金属矿物制品业	4037.4	150.7	3398
6	农副食品加工业	2938.2	21.3	1575
7	有色金属冶炼和压延加工业	2751.5	41.5	281
8	通用设备制造业	2417.9	49.9	1393
9	金属制品业	2369.6	41.5	1344

序号	主要产业	工业总产值（亿元）	上缴税收（亿元）	规模以上工业企业（家）
10	电气机械和器材制造业	1941.2	32.4	911
11	专用设备制造业	1889.1	33.3	1023
12	计算机、通信和其他电子设备制造业	1569.4	16.8	455
13	铁路、船舶、航空航天和其他运输设备制造业	1516.2	24.2	261

示范区城市主要产业工业总产值占比情况如图 4-20 所示。

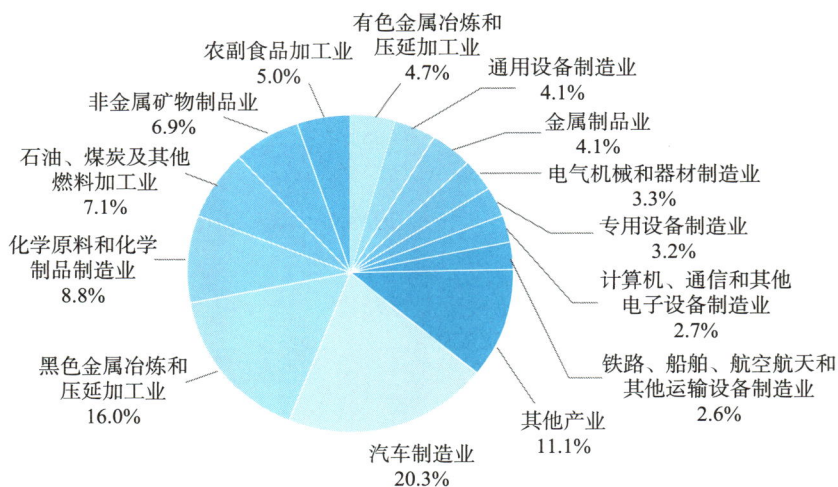

图 4-20　示范区城市主要工业产业总产值占比情况

示范区城市主要产业工业总产值分布情况如图 4-21 所示。

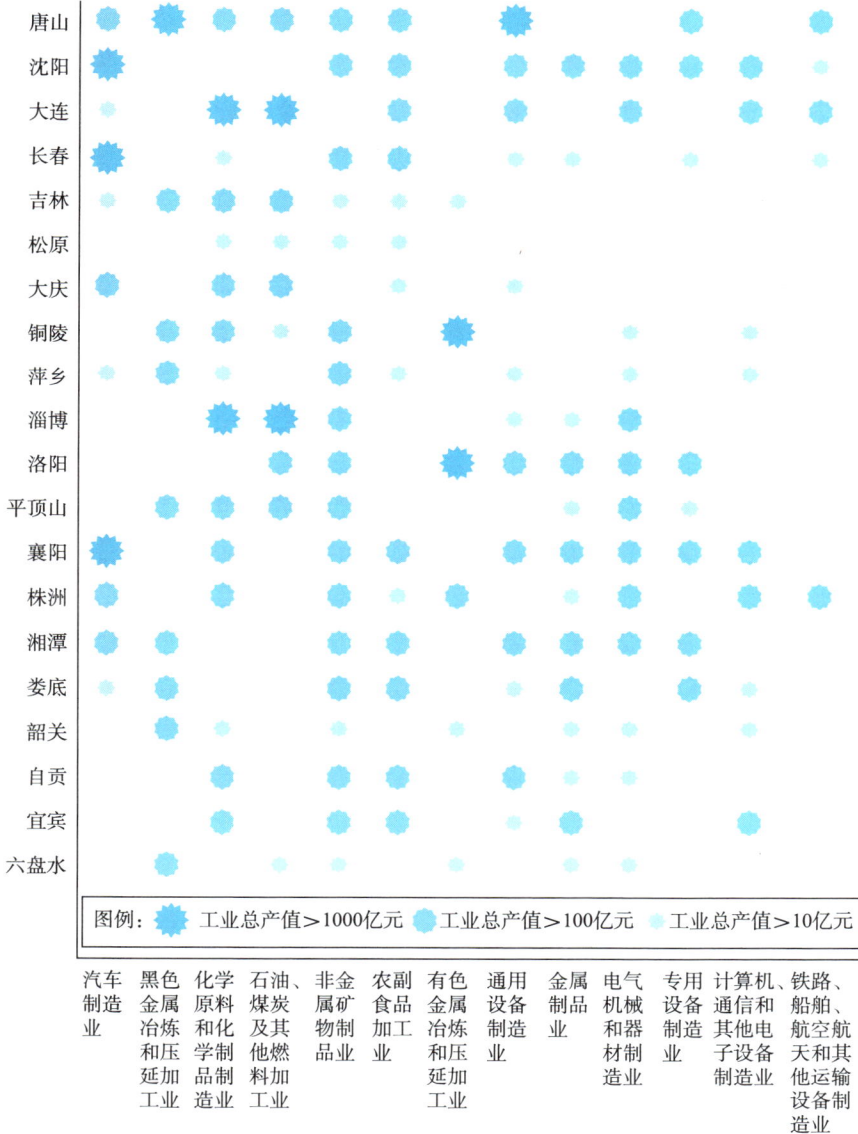

图 4-21 示范区城市主要产业工业总产值分布情况表

1. 汽车制造业

2020 年，汽车制造业总产值位居示范区城市首位，达 11849.0 亿元，约占示范区城市工业生产总值的 20.3%；上缴税收 306.5 亿元，约占示范区城市总税收的 17.0%；规模以上工业企业数量 1148 家，约占示范区城市工业企业总数的 7.3%。

汽车制造业为唐山市、沈阳市、大连市、长春市、吉林市、大庆市、萍乡市、襄阳市、株洲市、湘潭市、娄底市的前十大主导产业之一，特别是长春市、沈阳市和襄阳市，汽车制造业总产值均突破千亿元，是三市的首位产业，分别占三市工业总产值的 72.5%、47.7% 和 27.7%。代表企业有一汽大众汽车有限公司（长春市）、华晨宝马汽车有限公司（沈阳市）、东风汽车股份有限公司（襄阳市）等。

示范区城市汽车制造业主要指标情况如表 4–11 所示。

表 4–11　汽车制造业主要指标情况

序号	城市名称	工业总产值（亿元）	上缴税收（亿元）	规模以上工业企业（家）
1	吉林长春市	6163	—	377
2	辽宁沈阳市	2555	206.3	156
3	湖北襄阳市	1570	49.6	300
4	辽宁大连市	591	20.6	107
5	湖南湘潭市	321	7.3	64

续表

序号	城市名称	工业总产值（亿元）	上缴税收（亿元）	规模以上工业企业（家）
6	湖南株洲市	179	2.8	38
7	河北唐山市	155	2.2	36
8	黑龙江大庆市	149	16.6	5
9	湖南娄底市	64	0.2	16
10	江西萍乡市	53	0.1	12

2. 黑色金属冶炼和压延加工业

2020年，黑色金属冶炼和压延加工业总产值居示范区城市第二位，达9363.1亿元，约占示范区城市工业总产值的16.0%；上缴税收246.7亿元，约占示范区城市总税收的13.7%；规模以上工业企业数量275家，约占示范区城市工业企业总数的1.8%。

黑色金属冶炼和压延加工业为唐山市、吉林市、铜陵市、萍乡市、平顶山市、湘潭市、娄底市、韶关市和六盘水市的前十大主导产业之一。特别是唐山市黑色金属冶炼和压延加工业总产值近7000亿元，占唐山市工业总产值的58.4%。娄底市、湘潭市、韶关市均突破300亿元。代表企业有首钢京唐钢铁联合有限责任公司、河北钢铁集团唐山钢铁集团有限责任公司、唐山国丰钢铁有限公司、湖南华菱湘潭钢铁有限公司

（湘潭市）、涟源钢铁集团有限公司（娄底市）、广东省韶关钢铁集团有限公司、舞阳钢铁有限责任公司（平顶山市）等。

示范区城市黑色金属冶炼和压延加工业主要指标情况如表4-12所示。

表4-12 黑色金属冶炼和压延加工业主要指标情况

序号	城市名称	工业总产值（亿元）	上缴税收（亿元）	规模以上工业企业（家）
1	河北唐山市	6838	147.8	121
2	湖南娄底市	617	17.6	14
3	湖南湘潭市	515	19.1	13
4	广东韶关市	356	—	6
5	吉林吉林市	276	4.2	11
6	河南平顶山市	268	2.7	11
7	江西萍乡市	222	7.5	3
8	贵州六盘水市	156	2.2	3
9	安徽铜陵市	115	2.0	4

3. 化学原料和化学制品制造业

2020 年，化学原料和化学制品制造业总产值居示范区城市第三位，达 5118.6 亿元，约占示范区城市工业总产值的 8.8%；上缴税收 83.3 亿元，约占示范区城市总税收的 4.6%；规模以上工业企业数量 1551 家，约占示范区城市工业企业总数的 9.9%。

化学原料和化学制品制造业为唐山市、大连市、长春市、吉林市、松原市、大庆市、铜陵市、萍乡市、淄博市、平顶山市、襄阳市、株洲市、韶关市、自贡市、宜宾市的前十大主导产业之一，其中大连市和淄博市化学原料和化学制品制造业总产值突破千亿元，分别占两市工业总产值的 18.1% 和 29.4%。代表企业有恒力石化（大连）有限公司、恒力石化（大连）化工有限公司、逸盛大化石化有限公司、大连福佳大化石油化工有限公司、山东东岳集团（淄博市）、山东清源石化有限公司（淄博市）等。

示范区城市化学原料和化学制品制造业主要指标情况如表 4–13 所示。

表 4–13　化学原料和化学制品制造业主要指标情况

序号	城市名称	工业总产值（亿元）	上缴税收（亿元）	规模以上工业企业（家）
1	山东淄博市	1364	—	337
2	辽宁大连市	1225	7.3	103

序号	城市名称	工业总产值（亿元）	上缴税收（亿元）	规模以上工业企业（家）
3	湖北襄阳市	391	12.0	114
4	黑龙江大庆市	388	3.2	47
5	吉林吉林市	328	23.9	71
6	河北唐山市	310	10.8	86
7	湖南株洲市	268	6.9	252
8	河南平顶山市	141	2.9	40
9	四川宜宾市	162	2.1	32
10	安徽铜陵市	120	3.9	40
11	四川自贡市	102	1.7	40
12	广东韶关市	90	—	100
13	江西萍乡市	89	4.0	119
14	吉林长春市	73	—	39
15	吉林松原市	41	0.5	18

4. 石油、煤炭及其他燃料加工业

2020 年，石油、煤炭及其他燃料加工业总产值居示范区城市第四位，达 4118.8 亿元，约占示范区城市工业总值的 7.1%；上缴税收 267.6 亿元，约占示范区城市总税收的 14.8%；规模以上工业企业数量 173 家，约占示范区城市工业企业总数的 1.1%。

石油、煤炭及其他燃料加工业为唐山市、大连市、吉林市、松原市、大庆市、铜陵市、淄博市、洛阳市、平顶山市、六盘水市的前十大主导产业之一，其中大连市和淄博市石油、煤炭及其他燃料加工业总产值突破千亿元，分别占两市工业总产值的 21.3% 和 22.1%。代表企业有恒力石化（大连）炼化有限公司、中国石油天然气股份有限公司大连石化分公司、大连西太平洋石油化工有限公司、山东金诚石化集团有限公司（淄博市）、中国石化齐鲁石化公司（淄博市）等。

示范区城市石油、煤炭及其他燃料加工业主要指标情况如表 4-14 所示。

表 4-14　石油、煤炭及其他燃料加工业主要指标情况

序号	城市名称	工业总产值（亿元）	上缴税收（亿元）	规模以上工业企业（家）
1	辽宁大连市	1441	4.2	11
2	山东淄博市	1015	—	31
3	黑龙江大庆市	444	139.5	17

序号	城市名称	工业总产值（亿元）	上缴税收（亿元）	规模以上工业企业（家）
4	河北唐山市	410	20.9	25
5	河南洛阳市	285	87.8	13
6	吉林吉林市	247	0.2	5
7	河南平顶山市	141	4，3	15
8	贵州六盘水市	60	1.7	5
9	安徽铜陵市	56	1.7	2
10	吉林松原市	22	0.6	4

5. 非金属矿物制品业

2020年，非金属矿物制品业总产值居示范区城市第五位，达4037.4亿元，约占示范区城市工业总产值的6.9%；上缴税收150.7亿元，约占示范区城市总税收的8.3%；规模以上工业企业数量3398家，约占示范区城市工业企业总数的21.7%。

非金属矿物制品业为唐山市、沈阳市、长春市、吉林市、松原市、铜陵市、萍乡市、淄博市、洛阳市、平顶山市、襄阳市、株洲市、湘潭市、娄底市、自贡市、宜宾市、六盘水市的前十大主导产业之一，其中株洲市、淄博市、襄阳市、唐山市、洛阳市、萍乡市非金属矿物制品业工业总产值达 300 亿元以上，特别是萍乡市，非金属矿物制品业总产值占全市工业总产值的 29.8%，该产业是萍乡市的首位产业。代表企业有山东省药用玻璃股份有限公司（淄博市）、山东重山光电材料股份有限公司（淄博市）、中材江西电瓷电气有限公司（萍乡市）、中铁国材绝缘材料有限公司（萍乡市）。

示范区城市非金属矿物制品业主要指标情况如表 4–15 所示。

表 4–15　非金属矿物制品业主要指标情况

序号	城市名称	工业总产值（亿元）	上缴税收（亿元）	规模以上工业企业（家）
1	湖南株洲市	530	16.9	367
2	山东淄博市	405	—	342
3	湖北襄阳市	396	15.6	155
4	河北唐山市	369	25.3	258
5	河南洛阳市	365	15.5	307
6	江西萍乡市	346	10.1	204
7	四川宜宾市	260	6.3	160
8	河南平顶山市	216	7.9	210

续表

序号	城市名称	工业总产值（亿元）	上缴税收（亿元）	规模以上工业企业（家）
9	湖南娄底市	213	9.0	167
10	湖南湘潭市	202	4.2	126
11	辽宁沈阳市	173	4.2	125
12	安徽铜陵市	146	12.1	48
13	四川自贡市	111	2.9	91
14	吉林长春市	102	—	78
15	广东韶关市	89	—	67
16	贵州六盘水市	55	1.9	54
17	吉林吉林市	48	1.0	46
18	吉林松原市	11	0.6	25

6. 农副食品加工业

2020 年，农副食品加工业总产值居示范区城市第六位，达 2938.2 亿元，约占示范区城市工业总产值的 5.0%；上缴税收 21.3 亿元，约占示范区城市总税收的 1.2%；规模以上工业企业数量 1575 家，约占示范区城市工业企业总数的 10.1%。

　　农副食品加工业为唐山市、沈阳市、大连市、长春市、吉林市、松原市、萍乡市、襄阳市、株洲市、湘潭市、娄底市、自贡市、宜宾市的前十大主导产业之一，其中襄阳市农副食品加工业总产值达 600 亿元，占襄阳市工业总产值的 10.6%；松原市农副食品加工业占该市工业总产值的 25.1%，是松原市的首位产业。代表企业有湖北三杰农业产业化有限公司（襄阳市）、湖北元大粮油科技有限公司（襄阳市）、嘉吉生化有限公司（松原市）、扶余鲁花浓香花生油有限公司（松原市）、吉林旭鑫油脂有限公司（松原市）等。

　　示范区城市农副食品加工业主要指标情况如表 4–16 所示。

表 4–16　农副食品加工业主要指标情况

序号	城市名称	工业总产值（亿元）	上缴税收（亿元）	规模以上工业企业（家）
1	湖北襄阳市	600	11.5	159
2	吉林长春市	392	—	157
3	辽宁沈阳市	390	0.6	147
4	辽宁大连市	375	0.4	211
5	湖南湘潭市	247	2.5	58
6	河北唐山市	188	3.3	124

续表

序号	城市名称	工业总产值（亿元）	上缴税收（亿元）	规模以上工业企业（家）
7	四川宜宾市	126	0.4	113
8	四川自贡市	120	0.1	57
9	湖南娄底市	111	0.1	85
10	吉林吉林市	94	0.1	68
11	吉林松原市	89	0.3	84
12	黑龙江大庆市	88	0.2	66
13	湖南株洲市	85	1.1	73
14	江西萍乡市	32	0.1	10

7. 有色金属冶炼和压延加工业

2020 年，有色金属冶炼和压延加工业总产值居示范区城市第七位，达 2751.5 亿元，约占示范区城市工业总产值的 4.7%；上缴税收 41.5 亿元，约占示范区城市总税收的 2.3%；规模以上工业企业数量 281 家，约占示范区城市工业企业总数的 1.8%。

有色金属冶炼和压延加工业为吉林市、铜陵市、洛阳市、株洲市、韶关市、六盘水市的前十大主导产业之一，其中洛阳市和铜陵市有色金属冶炼和压延加工业总产值均突破千亿元，分别占两市工业总产值的28.0% 和 56.7%，均为两市的首位产业。代表企业有洛阳栾川钼业集团股份有限公司、铜陵有色金属集团控股有限公司。

示范区城市有色金属冶炼和压延加工业主要指标情况如表 4-17 所示。

表 4-17　有色金属冶炼和压延加工业主要指标情况

序号	城市名称	工业总产值（亿元）	上缴税收（亿元）	规模以上工业企业（家）
1	河南洛阳市	1286	30.4	94
2	安徽铜陵市	1169	8.1	33
3	湖南株洲市	118	1.8	72
4	广东韶关市	96	—	15
5	贵州六盘水市	56	0.1	15
6	吉林吉林市	26	0.3	3

8. 通用设备制造业

2020 年，通用设备制造业总产值居示范区城市第八位，达 2417.9 亿元，约占示范区城市工业总产值的 4.1%；上缴税收 49.9 亿元，约占示范区城市总税收的 2.8%；规模以上工业企业数量 1393 家，约占示范区城市工业企业总数的 8.9%。

通用设备制造业为沈阳市、大连市、长春市、大庆市、萍乡市、淄博市、洛阳市、襄阳市、湘潭市、娄底市、自贡市、宜宾市的前十大主导产业之一。其中大连市和洛阳市通用设备制造业工业总产值分别超过 500 亿元和 300 亿元；自贡市通用设备制造业工业总产值接近 300 亿元，占该市工业总产值的 22.8%，是自贡市的首位产业。代表企业有斯凯孚（大连）轴承与精密技术产品有限公司、克诺尔制动系统（大连）有限公司、大连华锐重工集团股份有限公司、中信重工机械股份有限公司（洛阳市）、中国一拖集团有限公司（洛阳市）、湘潭宏大真空技术股份有限公司、自贡运输机械集团股份有限公司等。

示范区城市通用设备制造业主要指标情况如表 4-18 所示。

表 4-18　通用设备制造业主要指标情况

序号	城市名称	工业总产值（亿元）	上缴税收（亿元）	规模以上工业企业（家）
1	辽宁大连市	572	10.0	304
2	河南洛阳市	331	13.0	224
3	湖南湘潭市	299	1.8	122
4	辽宁沈阳市	286	7.2	148
5	四川自贡市	285	5.7	106

续表

序号	城市名称	工业总产值（亿元）	上缴税收（亿元）	规模以上工业企业（家）
6	湖北襄阳市	240	4.4	77
7	湖南娄底市	91	2.1	51
8	山东淄博市	75	—	88
9	江西萍乡市	70	0.6	20
10	四川宜宾市	70	0.7	17
11	吉林长春市	51	—	47
12	黑龙江大庆市	46	1.2	6

9. 金属制品业

2020 年，金属制品业总产值位居示范区城市工业产值排名的第九位，达 2369.6 亿元，占示范区城市工业总产值的 4.1%；上缴税收 41.5 亿元，约占示范区城市总税收的 2.3%；规模以上工业企业数量 1344 家，约占示范区城市工业企业总数的 8.6%。

金属制品业为唐山市、沈阳市、长春市、淄博市、洛阳市、平顶山市、襄阳市、株洲市、湘潭市、娄底市、韶关市、自贡市、宜宾市、六盘水市的前十大主导产业之一，其中 2020 年唐山市金属制品业总产值接近 1000 亿元，占其工业总产值的 8.2%。代表企业有唐山市先隆轧辊有限公司、住友建机（唐山）有限公司。

示范区城市金属制品业主要指标情况如表 4-19 所示。

表 4-19　金属制品业主要指标情况

序号	城市名称	工业总产值（亿元）	上缴税收（亿元）	规模以上工业企业（家）
1	河北唐山市	954	11.8	310
2	河南洛阳市	250	7.7	142
3	湖南湘潭市	209	3.9	107
4	湖南娄底市	147	0.9	76
5	湖北襄阳市	145	4.5	45
6	四川宜宾市	141	0.1	14
7	辽宁沈阳市	120	3.0	97
8	湖南株洲市	83	1.5	66
9	河南平顶山市	74	0.8	80
10	山东淄博市	61	——	92

序号	城市名称	工业总产值（亿元）	上缴税收（亿元）	规模以上工业企业（家）
11	四川自贡市	59	1.0	26
12	广东韶关市	54	—	38
13	吉林长春市	47	—	42
14	贵州六盘水市	26	0.1	20

10. 电气机械和器材制造业

2020 年，电气机械和器材制造业总产值居示范区城市第十位，达 1941.2 亿元，约占示范区城市工业总产值的 3.3%；上缴税收 32.4 亿元，约占示范区城市总税收的 1.8%；规模以上工业企业数量 911 家，约占示范区城市工业企业总数的 5.8%。

电气机械和器材制造业为沈阳市、大连市、铜陵市、萍乡市、洛阳市、平顶山市、襄阳市、株洲市、湘潭市、韶关市、自贡市、六盘水市的前十大主导产业之一，其中 2020 年湘潭市电气机械和器材制造业工业总产值超过 400 亿元，襄阳市和沈阳市则接近 300 亿元。代表企业有金杯电工电磁线有限公司（湘潭市）、湖南华菱线缆股份有限公司（湘潭市）、东风电驱动系统有限公司（襄阳市）、万洲电气股份有限公司（襄阳市）、沈阳机床股份有限公司、沈阳鼓风机集团股份有限公司等。

示范区城市电气机械和器材制造业主要指标情况如表 4-20 所示。

表 4-20　电气机械和器材制造业主要指标情况

序号	城市名称	工业总产值（亿元）	上缴税收（亿元）	规模以上工业企业（家）
1	湖南湘潭市	433	4.1	116
2	湖北襄阳市	289	10.2	73
3	辽宁沈阳市	272	5.5	137
4	辽宁大连市	225	2.9	107
5	河南洛阳市	179	4.2	82
6	湖南株洲市	152	0.4	43
7	河南平顶山市	111	0.3	52
8	安徽铜陵市	91	2.3	36
9	四川自贡市	82	0.5	34
10	江西萍乡市	47	0.4	25
11	广东韶关市	42	—	25
12	贵州六盘水市	20	0.1	11

11. 其他产业

除上述前十大主导产业外，一些示范区城市的重点产业还包括煤炭开采和洗选业，石油和天然气开采业，酒、饮料和精制茶制造业，医药制造业，专用设备制造业，铁路、船舶、航空航天和其他运输设备制造业等。例如：

- 六盘水市、平顶山市的首位产业为煤炭开采和洗选业，分别占两市工业总产值的 46.2% 和 25.3%，代表企业为贵州盘江精煤股份有限公司（六盘水市）、中国平煤神马集团（平顶山市）。

- 大庆市和松原市的首位产业为石油和天然气开采业，分别占两市工业总产值的 30.0% 和 26.3%，代表企业为大庆油田有限责任公司、中国石油天然气股份有限公司吉林油田分公司（松原市）。

- 宜宾市的首位产业为酒、饮料和精制茶制造业，占该市工业总产值的 26.8%，代表企业为宜宾五粮液股份有限公司。

- 株洲市的首位产业为铁路、船舶、航空航天和其他运输设备制造业，代表企业为中车株洲电力机车有限公司。

示范区城市其他重点产业主要指标情况如表 4–21 所示。

表 4-21　其他重点产业主要指标情况表

序号	产业名称	城市名称	工业总产值（亿元）	上缴税收（亿元）	规模以上工业企业（家）
1	煤炭开采和洗选业	贵州六盘水市	535	34.1	130
2		河南平顶山市	480	25.2	62
3	石油和天然气开采业	黑龙江大庆市	715	96.9	2
4		吉林松原市	93	5.3	15
5	酒、饮料和精制茶制造业	四川宜宾市	740	93.6	106
6	专用设备制造业	河南洛阳市	476	9.8	156
7		湖南湘潭市	464	2.1	104
8	铁路、船舶、航空航天和其他运输设备制造业	湖南株洲市	590	12.4	87
9		吉林长春市	427	—	33

第五章

典型经验和做法

　　"十三五"期间，产业转型升级示范区聚焦实体经济发展，坚持科技创新驱动，注重发展方式的转变、产业结构的优化和生态环境的保护，工作成效明显，它们为全国老工业基地的转型发展作出了示范。在产业发展方面，以产业园区为载体发展产业集群，产业转型升级示范区充分发挥当地的资源优势，大力培育上下游产业链，推动传统优势产业从价值链中低端迈向中高端。在科技创新方面，产业转型升级示范区探索两化、两业融合，产学研合作等新模式，积极建设创新创业平台，促进科技成果转化，产业竞争力得到较大提升。同时，各示范区不断改善城市发展环境，完善老工业城市功能，提升产业承载能力，加强污染治理、生态修复和工业遗产保护，全面改善环境质量，推动城市绿色低碳发展。

一、促进产业集聚发展，构建产业竞争优势

　　示范区城市以振兴实体经济为主线，坚定不移实施制造强国战略、提升传统产业竞争力、构建现代产业新体系、发展壮大战略性新兴产业、推动新型基础设施建设、创新市场有效供给，在装备制造、新材

料、新能源、汽车和新能源汽车、冶金石化、电子信息等领域建设了一批特色鲜明、竞争力强的产业园区和产业集群。

1. 以产业园区为载体，壮大优势产业集群

产业园区是发展实体经济的平台，是产业集聚的重要载体。示范区城市充分发挥产业园区的聚集作用，围绕当地龙头企业或特色资源，通过园区建设实现技术、人才、资金、生产、营销等资源共享，打造完整的产业生态链，推动优势产业集约发展，培育了一批具有区域性乃至全国竞争力的优势产业集群，从而带动城市实体经济的高质量发展。

辽宁省沈阳市以宝马、通用等龙头企业为依托，实施华晨宝马新工厂等重大项目建设，引进一批一级配套商及高效节能发动机、自动变速箱、汽车电子等关键零部件制造企业，扩大整车生产规模，做大做强汽车及零部件制造业。目前，汽车及零部件产业已成为辽宁省四大千亿级产业之一，拥有华晨雷诺金杯、通用北盛、华晨宝马、华晨控股四大整车厂及众多汽车零部件企业，宝马汽车产量占全球宝马汽车产量的25%。

山东省淄博市按照"紧盯前沿、打造生态、沿链聚合、集群发展"的思路，根据产业转型发展的需要，优化提升产业功能区布局，对淄博经济开发区、淄博先进制造业创新示范区、齐鲁化工区（含张店东部化工区）等功能区管理范围进行调整优化，打破行政壁垒、整合资源要素、推进产城融合，实现园区专业化、特色化发展。淄博高新区通过产业布局调整，高标准规划建设了电子信息产业园、齐鲁智能微系统创新基地等专业园区，形成了新材料、生物医药、人工智能及金融科技、高

端物流"3+2"主导产业，综合实力位列国家级高新区第 43 位。淄博东岳经济开发区以燃料电池膜为引领，大力开展产业链招商，已形成氟、硅、膜、氢四大板块的产业集群，被中国石化联合会命名为"中国膜谷"。

安徽省铜陵市充分发挥铜产业优势，规划建设总面积达 3000 亩的 PCB（印刷电路板）产业园，配建专业污水处理厂、固废危废处置中心以及全国唯一的 PCB 国家质量检验检测中心，构筑 PCB 产业招商优势，目前已形成具有 2 万吨电子铜箔、1000 万张覆铜板、260 万平方米线路板的生产能力。该市依托 PCB 产业园优势，进一步发挥 PCB 产业配套能力和环保承载容量，打造了以赛创电气、众恒光电、旭创科技为主体的"陶瓷基板—精密光学元器件—光通信模块"光电产业集群，以及以镓特半导体、中晟通讯、施奈特通讯、浩源恒方为主体的"氮化镓晶圆—滤波器紧固件—5G 隔离器 / 环形器 / 波导双工器—介质滤波器—射频器件"天线产业集群。

河南省平顶山市以打造世界级尼龙新材料产业集群为目标，规划建设总面积 123 平方千米的中国尼龙城，引进美国 KBR 公司年产 40 万吨聚碳酸酯、福建恒申集团年产 8 万吨印染项目、伊顿平顶山工业园等一批标志性龙头项目，布局建设了 100 万吨己内酰胺、60 万吨己二酸、60 万吨尼龙切片等重大项目，突破了己二腈、印染等"卡脖子"环节，形成了百万吨级煤基尼龙产业集群。截至 2020 年底，入驻项目 105 个，在建项目 32 个，主导产品尼龙 66 工业丝、帘子布生产规模世界第一，尼龙 66 盐规模位居亚洲第一、世界第四，尼龙 66 切片规模全国第一，尼龙新材料产业入选河南省十大重点培育新兴产业，以尼龙产业为主的新型功能材料产业集群纳入国家级战略性新兴产业集群，同时被科技部认定为平顶山国家尼龙新材料高新技术产业化基地。

湖南省株洲市升级传统陶瓷产业，探索"标准引领＋会展经济＋清洁改造"的陶瓷发展新模式，形成集陶瓷材料、陶瓷制造、陶瓷机械、陶瓷颜料等于一体的陶瓷产业集群。株洲市拥有陶瓷企业 650 家，从业人员近 20 万人，陶瓷产业年产值超过 700 亿元，产品包括日用瓷、电瓷、工艺瓷、工业陶瓷、新型陶瓷五大系列 4000 多个品种，陶瓷产品占世界市场份额的 15.3%，其中日用瓷和电瓷产量分别占世界的 10.8% 和 28%。株洲市目前拥有国家专利 1500 多个，拥有 13 个湖南省著名商标或名牌产品、10 个中国驰名商标和 16 个马德里国际商标。

湖北省襄阳市依托东风公司、日产汽车等龙头企业，发挥亚洲最大中重型车桥生产基地、全国最大汽车动力生产基地的产业基础优势，发展整车制造，扩大产品系列，推进以发动机、变速箱等关键零部件总成为主的汽车零部件产业集群建设。截至 2020 年，襄阳市 2 家整车企业集聚了 1400 多家汽车及零部件企业。同时，襄阳市大力发展纯电动汽车和燃料电池汽车，提升动力电池、驱动电机、智能控制等核心技术的工程化和产业化能力，促进形成新能源汽车产业形态。经过十多年的培育发展，襄阳市聚集新能源汽车研发和生产企业及院所 40 多家，2020 年产值达到 176.1 亿元。

辽宁省抚顺市积极推进央地共建，与抚顺石化公司共建石化产业园区，构建大石化产业发展格局。该市依托抚顺石化"千万吨炼油、百万吨乙烯"项目，汇聚资金、技术、人才等资源和一批石化行业骨干企业，推动石化产业向精细化、集约化、可循环利用的方向发展，已形成有机化工、精细化工、合成新材料和橡塑蜡深加工四大产业集群。齐隆化工、东联安信、青岛伊科思等一批行业骨干企业建成投产，基本形成丙烯、碳四、碳五、碳九、芳烃、塑料深加工、橡胶深加工及石蜡深加工等八大产业链条，每年可生产聚乙烯 92 万吨、聚丙烯 46 万吨、丁苯橡胶 20 万吨、裂解碳五 11 万吨、丁二烯 2 万吨、石蜡 42.6 万吨。

重庆市大渡口区重点培育大数据智能化、生态环保、大健康生物医药等新兴产业集群，推动产业"由重变轻，由轻变好"。一是大数据智能化产业聚焦智能硬件、软件服务、大数据应用等领域，充分发挥海康威视重庆项目示范集聚效应，打造具有全国影响力的智能视觉产业集群。二是生态环保产业聚焦固废处理、生态修复、环境监测等领域，以三峰环境为龙头，积极延伸产业链条，近年来已集聚生态环保企业 126 家。三是大健康生物医药产业聚焦体外诊断领域，推进国家基因检测技术应用示范中心核心区和重庆精准医疗生物产业科技园建设，打造全国一流的体外诊断产业高地，2021 年营业收入突破 100 亿元，约占全国的 10%。

河南省鹤壁市加速形成千亿级汽车电子电器产业集群，培育了河南天海集团、仕佳光子、天海电子等一批带动性强的骨干企业，产业集聚发展优势逐步显现。2020 年电子电器产业产值同比增长 29.5%，汽车线束连接器、智能网联汽车信息系统、PLC 光分路器芯片、AWG 芯片等一批硬核装备、硬核产品打破技术壁垒，抢占国内外市场。天海集团汽车线束及插接件国内市场占有率超过 20%，成为汽车电子电器行业标准的制定者，荣获河南省省长质量奖，获评河南民营企业百强企业。仕佳光子 PLC 光分路器芯片打破国外垄断，全球市场占有率达 60%，成为全省第 2 家在科创板上市的企业，获评国家制造业单项冠军产品企业，引领国内光通信产业发展。天海电子为世界最大单口径射电望远镜"中国天眼"供应了 1/3 的反射面板，获评国家质量标杆企业。

2. 聚焦强链、补链、延链，培育发展新兴产业

老工业城市的传统产业多处于产业链中低端，产业链条短，产业集聚度偏低，产品附加值不高，缺乏市场竞争力。为破解老工业城市的产业链弱点，示范区城市十分重视培育产业链，聚焦强链、补链和延链，着力完善当地优势产业的产业链条，向上游补链，向下游延链，提高产品附加值，衍生新业态，培育新产业，推动传统产业由低附加值向高附加值转变，逐渐形成具有竞争力的产业体系。

山西省长治市以潞安、潞宝等企业为龙头，积极培育煤化工产业链，依托先进的煤制油技术，将煤炭变成清洁油品，又采用深加工技术，将产品从传统燃料油升级扩展为高端蜡、碳氢环保溶剂、特种燃料、润滑油基础油、专属化学品等 5 大类、54 个品种、270 个型号的煤基高端精细化工系列产品，形成了集车用燃料、有机化工原料、合成树脂、合成纤维、化工新材料、焦化产品于一体的煤化工产业链，完成了由煤基合成油向煤基合成精细化学品的升级，开创了以煤基化工原料生产高品质合成纤维产品的先河，实现了煤炭产业由"黑"向"白"的根本性转变。

安徽省铜陵市立足最有基础和最具优势的传统铜产业，不断延伸产业链，加速构建包括铜冶炼、铜深加工、铜研发等环节的完整铜产业链，建成一批铜精深加工项目，涉铜产业逐步迈向中高端，成为全国铜

加工产业领域产业链最长、种类最多、规模最大的铜基新材料产业基地。在铜冶炼方面，该市先后建成铜陵有色铜冶炼双闪工程、铜陵有色金昌冶炼厂异地奥炉改造工程，闪速熔炼、闪速吹炼、两转两吸制酸等技术跻身世界先进行列，年产 60 万吨阴极铜、221 万吨硫酸，形成规模排名世界前列的阴极铜冶炼基地。在铜精深加工方面，铜陵市以铜杆（线、缆）、铜板带、铜棒、铜管、铜粉、铜合金、铜工艺品等铜精深加工产业链为主攻点，加速构建相互融合、一体多元的完整铜产业链。铜陵市电磁线产量位居全国第一、铜箔产量位居全国第三、铜管产量位居全国第六、铜板带产量位居全国第七、黄铜棒产量位居全国第七、覆铜板产量位居全国第九、铜杆产量位居全国第十，铜陵成为全国最大的铜加工和电磁线生产基地。

湖南省湘潭市坚持工业立市、产业强市，于 2017 年开始筹划推动产业链建设。近年来，湘潭市梳理了包括六大支柱产业和五大新兴产业在内的 11 条优势产业链，每条产业链分别设链长、盟长、行长和校长，每条产业链有对应的高校平台、产业研发试验平台和公共服务平台，建立了"链长抓统筹+盟长促配套+行长帮融资+校长助研发"的产业链四长联动机制。其中，产业链链长由市级主要领导担任，指定一个市直部门设立产业链办公室，指定一个园区设立产业链落地办公室，负责产业链相关的政策制定、项目招商和支持资金的协调。湘潭市专门出台促进产业链发展的"一链一策"政策，构建"承接园区+市直部门""产业链办公室+产业链落地办"的协调工作机制，制定了包括"全景图、现状图，客商库、项目库，资金池、人才池，产业链招商报告、产业链分析报告"在内的产业链支撑体系，将全市 1000 多家规模以上工业企业、2000 多家中小微企业耦合成有机整体，构建了以龙头企业为引擎、中小微企业配套为基础、产学研用紧密结合为支撑的产业集群化发展模式。2020 年面对疫情冲击，湘潭市充分发挥金融对产业链企业的支持作用，共为有融资需求的 349 家产业链企业发放贷款 194.52 亿元，其中新增贷款 154.43 亿元，延期还款 3.67 亿元，无还本续贷 22.25 亿元，展期 1.42 亿元。

吉林省吉林市以吉林石化每年生产的 43 万吨丙烯腈为源头，大力发展"低成本、大丝束、工业级"碳纤维，延伸上下游产业链，形成国内最完整的"聚丙烯腈基碳纤维原丝—碳纤维—碳纤维下游制品"碳纤维产业链，建设国内规模最大、品种最全、技术先进、具有国际竞争力的高新技术纤维产业基地，原丝产品涵盖 1K 至 50K 各种规格。25K 至 50K 聚丙烯腈基原丝及碳纤维产业化技术的开发与试产，填补了国内生产技术空白，解决了制约我国高性能碳纤维材料国产化的技术瓶颈，打破被国外公司长期垄断的市场格局。随着 4 万吨原丝、8000 吨大丝束碳纤维、1.5 万吨碳纤维等项目相继竣工投产，吉林市碳纤维原丝和碳丝产能均居全国前列，吉林市成为全国最大的碳纤维原丝和碳纤维生产基地。目前，吉林市正积极拓展风力发电叶片、汽车轻量化、轨道交通、冰雪装备、航空航天、压力容器、光伏保温材料等碳纤维产品应用市场。

四川省自贡市通过与清华大学等高校合作成立研发中心，引进美国 HPD 制盐淘洗、日本蒸发结晶等专利技术和国内外先进生产工艺，形成集输卤、发电、蒸汽、制盐于一体的先进生产工艺，推动千年盐都制盐业向产业链两端延伸，形成"盐卤—工业盐—食盐—营养盐（保健盐）"盐—基础化工—精细化工—硅氟化工—后加工产业""盐卤—碱—氯—含氯有机物—聚苯硫醚"产业链，食用盐向高端和有机发展，工业盐向下游两碱化工延伸。自贡市重点开发高端食盐、绿标盐、液体盐、调味盐、洗浴盐、洗涤用盐等产品，发展以盐为主要成分的康养产品、保健品、时尚饮品和护肤日化品，打造中国盐高端日化用品生产基地，同时，建设氟、硅等精细化工和高分子化工两大产业链，实现有机氟、硅一体化发展，不断提升产业价值链。

内蒙古自治区鄂尔多斯市积极推动煤炭深加工，重点发展煤制油、煤制气、煤制烯烃、煤制乙二醇，下游以甲醇深加工为重点的各类煤化工产业，初步形成"煤—煤化工—烯烃"产业链条；以化工新材料为重点，发展高端聚烯烃、煤基石墨烯等产品。截至目前，鄂尔多斯市打造煤化工全产业体系成效明显，已形成煤制油 16 万吨、煤制甲醇 210 万吨、稳定轻烃 19 万吨、合成氨 30 万吨、尿素 52 万吨、乙二醇 40 万吨、甲醇制聚烯烃 60 万吨、聚合氯化铝 10 万吨、氯烃 5 万吨、精制蜡 12 万吨等产能。

山东省淄博市围绕氟化工、硅化工和膜树脂配套等产业，延伸产业链，建成从氟矿石到氟化工基础材料无水氟化氢，从甲烷氯化物到绿色环保制冷剂，从氟硅烷到有机硅，再到含氟高分子材料及其深加工，以至尖端技术六氟丙烯、偏氟乙烯、全氟乙烯、全氟离子交换树脂及离子膜等组成的高新技术产业链。2019 年，氟硅新材料产业集群有规模以上企业 7 家，年营业收入超过 200 亿元，入选山东省"十强"产业雁阵形集群。龙头骨干企业东岳氟硅科技集团有限公司的主导产品绿色环保制冷剂、有机氟材料及有机硅材料市场占有率分别为 36.0%、38.2% 和

20.0%，氟硅产业市场占比全国第一，为亚洲规模最大的氟硅材料生产基地，是工信部认定的制造业单项冠军企业。

宁夏回族自治区宁东基地作为国家 4 个现代煤化工产业示范区和循环经济示范区之一，全力推动现代煤化工产业精细化、高端化、集群化发展，构建煤制油、煤基烯烃、精细化工三大产业集群，不断延伸产业链，重点培育节能环保、氢能、高性能纤维材料、电子材料和专用化学品等新兴产业，跻身国家新型工业化产业示范基地、外贸转型升级基地。煤炭、电力、化工在全部工业增加值中的比率由 2015 年的 32 ∶ 28.7 ∶ 32.8 优化为 2021 年的 23.8 ∶ 19.4 ∶ 50.8。煤制油生产能力达 400 万吨，煤基烯烃生产能力达 320 万吨，宁东基地成为全国最大的煤制油和煤基烯烃生产地。近年来，在不增加煤炭消耗的基础上，宁东基地围绕精细化工产业，在 13 平方千米的化工新材料园区里，重点布局建设了投资达 1000 亿元的延链、补链、强链项目，将实现再造一个宁东的目标。

3. 发挥区域比较优势，承接产业梯度转移

示范区城市依据其资源环境承载力，优化支撑要素配置，充分发挥自身的后发优势，创新招商引资模式，建设产业转移承接园区，出台产业、金融、土地和人力资源等各类优惠政策，创新产业承接模式，积极融入临近城市群总体发展框架，吸引中心城市外溢辐射的各类功能，努力探索毗邻城市间的产业分工协作和协同发展，积极承接产业梯度转移，实现增量崛起。

湖北省黄石市利用黄石新港和铜加工产业的优势，对接武汉光谷产

业园，将电子信息配套产业定位为新兴产业重点发展方向，依托中国光谷·黄石产业园，从昆山、深圳等地引进欣兴电子、沪士电子、上达电子、盛祥光电、创美佳、佳伟电子等一批电子信息企业，推动光电子产品、电子基础材料、应用电子、嵌入式软件等配套项目接连落地，实现了电子信息产业的从无到有。经过多年发展，黄石市电子信息产品已经涵盖高密度板、单双面板、软板和集成电路封装载板等多个细分领域，中国光谷·黄石产业园发展成为华中地区实力最强、规模最大、产能最高的 PCB 产业聚集区，被誉为华中地区电子信息产业首选配套基地，已成为全国第三大 PCB 产业聚集区。

广东省韶关市发挥省内对口帮扶机制作用，加强交通互联互通、产业共建、体制机制对接，实施"广韶同城"和"深韶对接"战略，深度融入珠江西岸先进装备制造产业分工体系，通过产业园区共建、合作招商引资等模式，重点推进华南先进装备产业园、大朗—乐昌新型材料产业园、厚街—翁源绿色环保化工产业园、东城—新丰食品产业园等共建园区建设，大力发展特殊钢、优质钢，满足粤港澳大湾区汽车零部件、精密模具、高端装备制造等产业的配套需求，同时推进韶关钢铁、有色金属、电力能源等当地传统产业提质延伸，带动形成特钢、有色金属深度冶炼和新材料等多个新兴产业集群，成功打造粤港澳大湾区先进装备制造业共建基地。

四川省自贡市深度融入成渝地区双城经济圈，主动对接成都、重庆及川南渝西城市，倡议共建川南渝西融合发展试验区，先后与成都、宜宾和重庆永川、荣昌等地签订 68 个战略合作协议，在基础设施互联互通、产业协作配套、城市功能互补、生态共治共保等领域共谋建设川南渝西融合发展试验区和承接东部产业转移创新发展示范区。自贡市对接成渝绵"创新金三角"，加入四川省高新区创新发展战略联盟、成渝地区双城经济圈创新创业联盟，加强产学研合作，实现资源共享、协调发展，形成良好的创新创业生态，建成成渝科技成果转移转化基地和成渝地区双城经济圈西部科技创新中心自贡科创园。

安徽省铜陵市以企业和项目为抓手，围绕铜产业、化工、建材等传统产业的高端环节和先进结构材料、电子信息、半导体、5G、生物医药等新兴产业的核心环节，建设苏商产业园、苏铜工业园、嘉铜金属制品省际合作产业园，着力打造长三角先进制造业基地和产业转移承接提升基地，推进与沪苏浙地区产业互嵌。总投资 100 亿元的长江半导体增值服务和新材料产业园等一批重大项目合作共建，义安区和溧阳市、铜官区和常州市钟楼区、郊区开发区和上海青浦工业园、枞阳开发区和苏州相城经开区相继签订合作框架协议，实现县区、园区合作全覆盖。2020 年新引进长三角区域招商项目 161 个，利用长三角区域省外资金 388.3 亿元，全方位推进长三角一体化融合发展，有效提升了产业转型发展质量。

四川省宜宾市依托龙头企业宁德时代，全力发展动力电池产业，积极引进上下游核心配套企业，构建包含动力电池主体、电池结构件、电池材料、电池回收循环利用以及动力电池科技研发、人才培养的全产业链生态圈。目前宁德时代及核心配套企业 29 家已在宜宾落户，重点在谈企业 24 家，项目建成投产后可实现产值 3000 亿元以上。此外，宜宾市抓住东西部扶贫协作机遇和屏山县扶持电价政策优势，按"共谋产业路径、共筑发展平台、共建招引渠道、共创营商环境"的协作机制，与嘉兴市海盐县共建浙川纺织产业扶贫协作示范园，园区现已建成纺织企业 22 家，在建企业 13 家，建成纺纱 150 万锭、纺丝 3 万吨、织布 0.2 亿米、无纺布 3 万吨产能，形成纺织产业链集聚效应。

辽宁省鞍山市主动参与长江经济带和京津冀协同发展战略，积极与南京市和京津冀地区开展产业合作，出台了与南京对口合作实施方案、发展软件和信息服务业战略合作框架协议，成功承接光通信、智能终端、系统集成等领域的重点项目，培育形成包含 LED（发光二极管）、智能制造、网络平台等新一代信息技术产业集群。同时，在机器人、高端装备制造等领域与京津冀地区开展产业合作，承接远洋智能焊接机器人、北京华锻数控机床、天海津城装备制造等重点项目，已培育形成包括特种能源装备、智能装备、轨道交通装备等在内的高端装备制造业集群。

湖南省娄底市融入长株潭城市群建设，探索城市群内部产业的梯度发展。娄底市政府与长沙经开区、长沙高新区签订战略合作协议，成为长沙产业、资本、人才等资源溢出的首选地，实现公司放在长沙、厂房放在娄底，研发放在长沙、孵化放在娄底。娄底市与长株潭建立产业联盟，延伸钢铁深加工、装备制造、功能陶瓷与合金材料等优势产业链，促进产业上下游合作发展，有 200 多家企业与长株潭汽车产业开展产品配套合作。

河北省唐山市充分利用独特的区位优势，主动融入京津冀一体化建设，围绕"京津孵化、唐山产业化"，采取专题对接、小团组招商、市县联动等方式，积极承接京津产业转移。2018 年至 2020 年分别实施与京津合作亿元以上项目 262 项、270 项和 304 项。利用京津创新资源，与北京合作共建了中国科学院唐山高新技术研究与转化中心等一批高水平协同创新平台，搭建京津唐人才技术项目网络市场，面向京津引进人才智力，推动人才、技术、项目等生产要素资源优化配置。

4. 立足当地优势资源，发展地方特色产业

　　许多老工业城市具有独特的当地资源。充分利用这些独一无二的优势资源，发展具有显著比较优势的特色产业，是推动老工业城市产业转型的又一路径。例如，四川省自贡市充分挖掘不可复制的盐城灯城历史资源、吉林省吉林市大力开发得天独厚的冰雪资源、山西省长治市充分利用丰富优质的硅矿资源、贵州省六盘水市规模化发展山地特色农业、吉林省松原市探索传统农业向现代农业转型、广东省韶关市为粤港澳大湾区配套建设"菜篮子"基地，各地均走出了一条具有地方特色的产业发展之路。

　　四川省自贡市挖掘当地不可复制的千年盐都、恐龙之乡、南国灯城等历史文化资源，大力发展井盐文化、恐龙文化和彩灯文化及相关产业。自贡市的主要产业发展举措有三。一是打造盐业小镇、川剧小镇、彩灯小镇等特色小镇，规划盐帮菜美食街区，建设主题酒店和民俗酒店，实施了老盐场 1957 等项目，发展盐区遗址旅游，加快建设独具特色的文化旅游目的地。二是与华强方特集团合作，按照迪士尼模式打造自贡方特恐龙王国公园；与知名动漫公司合作，打造以自贡为背景的恐龙动漫。三是做大做强自贡灯会品牌。2018 年，第 24 届国际恐龙灯会同步在国内外 22 个城市亮灯，首届国际恐龙灯光节、第二届盐博会成功举办，彩灯产业集聚企业已近 700 户，产值近 50 亿元。2019 年自贡

灯会被中宣部确定为"环球灯会"文化品牌，列入"春节文化走出去"国家行动计划和"感知中国"对外文化交流活动，在海外33个国家80个城市举办灯展102场次，实现对外贸易出口6800万美元。2020年自贡彩灯走进上海"66"夜生活节、点亮第三届国际进博会。

吉林省吉林市依靠得天独厚的冰雪资源，按照"冰雪旅游—文体旅融合—先进冰雪装备制造"的发展路径，大力发展冰雪产业。吉林市通过利用央视等主流媒体加大宣传力度，利用抖音、微博等新媒体拓展宣传范围，打造冰雪旅游名城，为延伸产业发展奠定基础。在发展模式上，推动旅游业与文化、体育等产业融合发展，深度挖掘冰雪文化、满族文化和船厂文化，发展文创和文艺演出产业，创作了《淞雪情缘》《雪遇吉林》等精品文艺演出作品，举办了中国吉林国际冰雪摄影展和第26届中国·吉林国际雾凇冰雪节等活动，成功承办世界自由式滑雪空中技巧比赛等国际顶级赛事。同时，吉林市重点培育冰雪装备制造产业，拟引进索道缆车、造雪机和碳纤维滑雪板等重点冰雪装备项目入驻，逐步扩张形成以冰雪旅体设备、高端保暖服装、新材料户外与冬季运动服饰、碳纤维冰雪运动装备等高附加值产品为核心的新兴产业集群。

山西省长治市以丰富优质的硅矿资源为依托，以潞安太阳能、日盛达等企业为龙头，大力发展硅工业产业，拥有太阳能光伏发电的研发、制造、销售、光伏发电、技术服务、贸易能力，被国家能源局确定为全国光伏发电技术领跑基地之一。目前，长治市已形成"硅矿—工业硅—多晶硅—单晶硅—电池片—太阳能组件—光伏发电"全产业体系，潞安太阳能综合产能达到7.5GW，是华北地区综合产能最大的光伏制造企业，也是全国电池和组件产能最大的国有企业。当地引进的江苏赛拉弗

1GW 双玻双面半片高效组件、青岛高测金刚石线等项目相继竣工投产，太阳能光伏全产业规模位居全国同行业第三。

贵州省六盘水市立足当地山地资源优势，坚持走差异化发展路线，发展战略有三。一是规模化发展山地特色农业。"凉都三宝"猕猴桃、刺梨、茶叶总产量的增速超过 20%、总产值近 30 亿元，形成了全国最大的刺梨基地、全省最大的猕猴桃基地。二是标准化建设山地特色农业。加快打造猕猴桃"吨产园"、刺梨"千斤园"、茶叶"万元田"，亩产水平和产品品质不断提升。三是品牌化打造山地特色农产品。盘县火腿、水城猕猴桃进入中欧地理标志保护产品互认清单，盘州刺梨、水城红心猕猴桃获中国特色农产品优势区认定，刺梨原浆通过中欧班列出口法国，红心猕猴桃等产品远销加拿大、俄罗斯，"弥你红""水城春""刺梨王""盘县火腿"等品牌深入人心。

吉林省松原市探索"传统农业—现代农业—下游深加工—关联新兴产业"的转型路径，成功培育多个关联领域新兴产业。第一，按照绿色有机和精品养殖的模式，发展玉米、生猪、肉牛、瓜果、食用菌、中药材、稻田蟹等特色产品，加强农业基础设施建设与改造，提高农产品质量和产量，快速推进农业现代化改造升级。第二，推动引进农产品深加工项目，重点打造中美嘉吉生物高科技产业园和盼盼健康食品产业园等深加工产业示范项目，开发出粮油、白酒、健康食品等系列产品，提高农产品附加值。第三，聚焦高科技产业领域，培育生物质、健康医药、畜牧医药等新兴产业，包括以玉米和秸秆为原料的生物质高端化利用产业、以各种中药作物为原料的医药和保健品产业，以及基于畜牧业发展的畜牧医药细分产业等。

　　广东省韶关市打造以现代农业示范基地、休闲观光农业园区、旅游生态合作试验区、田园综合体等为重要载体的生态产业发展空间，因地制宜地发展特色优势农业，形成了优质稻、优质蔬菜、特色水果、优质畜禽、特色水产、竹子等六大农业主导产业，茶叶、油茶、中药材、花卉、蚕桑、黄烟等六大农业特色产业。韶关市现有国家现代农业示范区1个、省级现代农业产业园13个，实现省级现代农业产业园县域全覆盖。韶关市翁源兰花产业园成功纳入国家现代农业产业园创建管理体系，翁源国兰销量占全国的60%。全市38家农业企业基地被认定为粤港澳大湾区"菜篮子"生产基地，成为大湾区的"菜篮子"、"果盘子"、"米袋子"和"花瓶子"。

二、推进创新驱动发展，提高产业发展质量

　　各示范区虽然产业发展基础不同，产业结构差异较大，但产业转型的主要推动力都来自创新驱动。通过建设重大创新平台、强化重点领域创新研发、提升企业创新能力、优化科技创新体制机制、激发人才创新创业创造活力、构建创新创业良好环境、培育数字经济发展高地，各示范区的科技创新能力均有较大提升，显著推动了示范区产业的高质量发展。

1. 建设创新创业平台，促进科技成果转化

　　示范区城市围绕地区经济发展目标，根据技术前沿发展现状和地区

产业创新发展需求，建设研发机构、产学研合作创新示范基地、技术创新创业服务中心等各类科技创新创业平台，开展行业产业共性关键技术研发、产业化、科技资源共享服务，推动科技成果转化，提高产业研发能力、市场竞争能力和企业品牌价值，走出了一条科技创新驱动发展之路。

湖南省株洲市依托中车时代电气这一龙头企业，成立全国唯一的 IGBT（绝缘栅双极型晶体管芯片）技术创新战略联盟，设立功率半导体省级创新中心，自主开发并建成我国首条（世界第二条）8 英寸大功率半导体 IGBT 芯片智能制造生产线，初步打造"关键材料—关键设备—元器件—装置/系统—应用及服务平台—行业应用示范"的 IGBT 大功率器件产业链。时代电气的轨道交通牵引设备交流传动和控制系统产品占国内市场份额约 80%，株洲中航科技等企业在航空发动机电控、计算机控制、检测等领域全国领先，易力达国内汽车电动助力转向器占国产自主品牌 EPS 产品市场份额 75% 以上。新一代信息技术产业高速成长。

山西省长治市引进中科院半导体研究所技术和团队，利用其拥有的紫外 LED 核心材料和结构外延技术与工艺，依托山西潞安矿业公司，组建山西中科潞安深紫外科技有限公司，开展深紫外 LED 芯片制造及关键生产设备的研发与产业化。深紫外 LED 是半导体照明最具发展潜力的应用，在光治疗、医疗保健、空气与水净化、白家电杀菌消毒等领域，尤其是在杀菌消毒产品中应用广泛，替代传统紫外光源的市场空间广阔。目前，国际上深紫外材料、生长技术研究和芯片制备技术主要集中在美、日、韩的少数几个公司和机构中，它们对中国实行技术封锁和产品禁运。2019 年 5 月，中科潞安年产 3000 万颗深紫外 LED 芯片生产线正式投产，成为全球首条大功率量产深紫外 LED 芯片生产线，标志着中科潞安成为国际上唯一一家同时掌握深紫外领域核心装备制造和芯片技术的企业。2020 年，长治市又引进华微紫外半导体封装及应用等 8 个深紫外 LED 产业项目，实现"引进一名人才，带来一个团队，落地一个项目，培育一个产业"。

安徽省铜陵市引导全社会加大研发投入。2020 年，铜陵市出台政策支持规模以上企业加大研发投入，对按照研发投入超亿元、研发投入占比增长 20% 以上、首次进规企业实行分类补助。2020 年，铜陵市有 98 家规模以上企业享受补助资金共 770 万元。同时，铜陵市落实高新技术企业所得税优惠政策和企业研发费用加计扣除政策，引导高新技术企业和科技型中小企业加大研发投入。当地政府部门支持规模以上企业、高新技术企业和科技型中小企业组建市级研发平台，对 R&D（研发）经费投入占主营业务收入比重达 3% 及以上的企业，优先支持申报省级以上各类计划项目和企业技术中心、重点（工程）实验室、工程（技术）研究中心、工业设计中心、新型研发机构、"一室一中心"等研发平台。2020 年铜陵市全社会研究与试验发展经费投入占地区生产总值比重达 3.2%，较上一年度增加 0.24 个百分点，增幅居全省前列。

辽宁省大连市积极争取国家级科技创新平台落户，截至目前共建成国家级创新平台 50 个、省级创新平台 393 个、市级创新平台 386 个。围绕清洁能源发展，大连市积极推进洁净能源创新研究院、中科院大学能源学院、大连先进光源、人工智能研究院、干细胞与精准医学研究院等平台建设。此外，大连市还依托企业技术中心和研究中心，掌握了一批具有自主知识产权的关键技术，助力华龙一号、"中国天眼"、"982 钻井平台"等大国重器建成。2020 年，全市科技成果落地转化 751 项，技术合同成交额突破 200 亿元，每万人有效发明专利拥有量 21.8 件、增长 14.4%。

吉林省长春市拥有众多的国家重点实验室、国家工程实验室等研发机构，在光学、精密仪器、激光技术、高分子材料、生物制品、超导、汽车等方面的科研能力均居国内领先水平，是国家创新型试点城市、国家知识产权示范城市，在长春的两院院士多达 40 人。长春市充分利用自身科技创新资源，实施地院（校、所）合作，支持长春市 12 个重点高校院所联合企业开展技术攻关，构建以一汽、吉大、光机所、应化所为代表的大企、大学、大所产学研创新联盟，突破制约产业发展的关键技术，推进科技成果加快转化。2019 年新增国家级高新技术企业 669 户，总数达 1322 户，增幅居全国副省级城市第三位；新增科技型"小巨人"企业 277 户，总数达 1147 户；技术合同成交额增长 25%，专利申请量增长 10.1%。

山东省淄博市把握山东半岛国家自主创新示范区建设的重大机遇，引进国家陶瓷新材料创新中心、山东新材料产业技术研究院等高水平创新研发平台，围绕高性能碳纤维、先进陶瓷、高端树脂、稀土新材料等重点领域集中攻关突破了一批关键共性技术，引领带动了全市新材料产业的快速发展。持续深化与中科院、清华大学等高校院所的务实合作，围绕突破制约行业发展的"卡脖子"技术、建立"企业出题、高校院所破题"的产研合作模式，先后建成澳大利亚纽卡斯尔大学淄博技术转移中心等 7 个国际合作平台、上海交通大学淄博先进材料研究中心等 7 家技术转移中心。2020 年，全市院士和博士后工作站达到 87 家，省级以上创新平台 587 家，高新技术企业 703 家，全社会研发投入占地区生产总值的比重为 2.91%，居山东省第一位。

江苏省徐州市规划建设"一城一谷一区一院"重大创新平台，打造"一核集聚、多点支撑"的徐州科技创新核心区。其中，淮海科技城已集聚科技型企业 4000 多家，科技创新谷已进驻院士团队 4 个，潘安湖科教创新区江苏师范大学科文学院已入驻，产业技术研究院已建成高端装备制造、新材料、安全科技等创新研究院所 16 个、国际技术转移中心 4 个。徐州市建立了科技成果转化风险补偿专项资金管理制度，推动企业研发机构等创新平台高质量发展。2019 年，规模以上企业中有研发活动的 935 家，占比 52.82%，同比增长 16.72%；获省科学技术奖 28 项，获奖总数居全省第二，占全省 10%。2020 年上报技术合同成交额 80 亿元，同比增长 110%，获省科学技术奖 33 项，获奖总数及一等奖数均创历年最高。

2. 推动两业融合发展，提高制造业竞争力

优化产业结构和提高制造业竞争力是产业转型升级示范区的重点任务。当今世界新一代信息技术正深度融入并改变着人们的生产生活方式，传统的生产方式和商业模式正在不可避免地发生着改变。抓住数字经济发展的时代机遇，推动互联网、大数据、5G 技术、人工智能与制造业深度融合，推动先进制造业与现代服务业的融合发展，已成为推动示范区高质量发展的一种新产业形态和模式。

北京市门头沟区探索先进制造业与现代服务业融合发展，联合北京

精雕集团建设中关村精雕智造创新中心，搭建小批量零件快速制造和机电类产品孵化的创新服务平台，以满足北京地区众多科技企业的产品落地需求。在北京市非首都功能疏解启动后，北京精雕集团将原门头沟区的生产制造环节迁移到河北廊坊，新建高端数控机床生产基地，同时利用疏解退出后的工业用地资源，在门头沟区建设智造创新中心，借助首都的区位优势和数字化、网络化、云服务等新技术手段，快速响应中小科技企业研发试制结构件的快速制造需求，通过本地研发、本地试制，完成研发产品从 0 到 1 的孵化。目前平台已投入运营，累积客户 210 家，产值 1980 万元，预计 2024 年将完成平台的全部建设工作。

辽宁省沈阳市重点打造智能制造共享基地，10 家企业获批国家级两化融合管理体系贯标试点，依托沈阳创新设计服务中心打造国家级工业设计公共服务平台，面向企业提供产业链云服务，建设了 16 个 "5D智造谷"，为谷内小微企业和双创企业提供 i5 设备、金融租赁和整体解决方案。通过智能装备制造全生命周期实时分享的运营，示范区实现订单共享、产能共享、创新共享、管理共享和信息共享，同时为企业提供设备、投资、设计、制造、维修和交易全产业链服务，从而颠覆传统制造业态和商业模式，让 "重资产" 的制造业实现 "轻资产" 运营，截至目前，工业云上共享机床 1.2 万台，累计提供服务 1660 万小时。

广东省韶关市立足自身优势，转变传统产业发展方式，推动钢铁传统优势产业绿色化转型、智能化升级和数字化赋能。利用旧厂房改造建设高标准的韶钢智慧中心大楼，通过远距离综合安全控制技术，对韶钢的综合原料场、烧结、焦化、高炉、铁水运输、环保工序进行 5 千米以外的集中操作与监控，彻底打破区域和工序间边界，实现了各工序之间的一体化协同。韶钢打破传统的生产组织与管理模式，建成国内第一个以高炉为中心的一体化数字管控平台，打通铁区 6 道工序 24 个系统和全厂能源 8 个系统 38 个单元之间的信息孤岛，35 万个数据支撑 32 个智能模型、6 个应用、370 张全自动报表，实现智能化的监控预警、分析诊断、优化决策，提升操控及管理精度，在效率提升、指标优化、降本增效、降低排放、提高资源利用率等方面取得显著效益。

河南省洛阳市聚焦全市工业制造的痛点与问题，通过互联网＋云计算＋大数据等现代信息技术的融合应用，打造线上线下相结合的中原智造数字工业共享云，有效融汇各类资源，构建工业供需生态圈。通过云聚合，实现制造业的资源开发共享、资源对接服务、集群产业协作聚合；通过云数据应用，实现全工业产业链数据覆盖，提供产能地图数据服务，最终建立了信息互通、资源共享、互采互购的工业互联网平台。截至 2019 年，平台注册省内外工业企业 2763 家，发布产品信息 5222 条、备品备件信息 875 条、设备信息 1800 条、闲置资源 661 条、招聘需求 762 条、科技成果信息 483 条，实现释放产能 180 余次，资源对接 1076 次，举办线下活动 27 场次。

内蒙古自治区包头市积极探索大企业和中小企业之间创新协同、技术共享、供应链互通、品牌互动、共赢互利的发展模式。依托内蒙古网络协同制造云平台，畅通大中小企业信息沟通机制，鼓励大企业为中小企业提供一揽子的信息支持，陆续建成一批智能工厂。内蒙古网络协同制造云平台实现对全市 490 台套传统机床实施数字化改造，局域网联网 604 台套。北奔集团车联网监控车辆已达 11000 余台，北重集团新产品研发中超过 80% 的零部件实现了三维设计，一机集团特种车辆车体自动化焊接率达到 80%，瑞特公司数字车间 MES（制造执行系统）开展试运行。

重庆市大渡口区引导企业通过更新数字化装备，推进生产设备、制造单元的系统集成和互联互通，构建车间级和工厂级工业通信网，实施企业"上云上平台"计划，降低企业信息技术建设成本，优化管理能力，目前已建成数字化车间 5 个、智能工厂 3 个。培育发展智能制造新模式，支持辖区工业互联网企业拓展应用市场，为区内制造业企业提供智能制造系统解决方案，推荐精耕公司入选市经济信息委 2021 年智能化赋能工程试点示范项目，支持重庆三峰卡万塔环境产业有限公司建设远程运维服务系统。

河南省鹤壁市主动谋划布局大数据、5G、人工智能等一批引领产业方向的新兴产业，在现代农业大数据、社区综合服务、工业互联网等领域培育形成了具有鹤壁特色的业态模式。华为、浪潮、中科曙光等龙头企业入驻鹤壁，建成河南省首个 5G 产业园，入驻企业 299 家。"高速数据中心光互联芯片"技术上实现与国外并跑，边缘计算能力、智慧合杆、应用场景拓展等实现快速发展。京东智联云数字经济产业园、阿里云创新中心基地、曙光人工智能产业园等一批数字经济项目加快实施，实现了新产品、新技术在生产和信息服务等方面的场景应用，初步形成以应用带产业、以产业促发展的良性互动格局。

3. 完善产教融合机制，培育吸引科技人才

针对老工业城市普遍存在的企业创新能力弱、创新人才缺、领军人物稀少、现有院校专业设置与企业需求匹配度低等突出问题，示范区城

市通过大力推进科创城与大学城建设、制定产教融合政策、实施校城融合发展计划、加大科技人才招引力度等举措，完善产教融合平台，创新产教融合模式，加速聚集创新创业人才资源，为产业转型提供科技创新技术人才支撑。

四川省宜宾市作为全国首批的国家产教融合型试点创建城市之一、四川省唯一的"学教研产城"一体化试验区，大力推进科创城与大学城建设，搭建产教融合平台，健全中高职有机衔接、职普同等相当、办学各具特色的职业教育体系，创新服务产业转型升级的技术技能人才和创新创业人才培养模式。一方面，引进优质院校共建高水平应用型大学，推动实现 10 所普通高校、10 所高职院校、10 万大学生和 10 万高职生的目标。另一方面，鼓励已落户高校、科研院所与市内外企业共建产学研合作示范基地、实习实训平台等。截至 2020 年 10 月底，宜宾市办学高校总数达 12 所，在校大学生人数 8 万余人。

重庆市永川区推动城市、职教、产业、创新深度融合发展，加快建设中国"西部职教基地"。一是以教兴产。发挥政策引领作用，累计兑现"职教 24 条"政策奖补资金 10.32 亿元，将原来 32 所职业院校、在校学生不到 5 万人，优化整合扩大为 17 所职业院校、职教学生达 16.3 万人，在全国地级行政区中位居前列。二是以产促教。职业院校先后与辖区企业共建"二级院校"14 个，开设订单班 90 余个，每年选派 200 余名教师到园区企业挂职实践，学校聘任 430 余名企业工程技术人员、200 余名创业人员到院校任教或做创业就业专题培训。三是产教融合。围绕产业链和完善教育链，永川区鼓励设置一批产业升级迫切需要的专业学科。目前，永川每年培养技术技能人才 4 万人以上，学生年均就业率保持在 96% 以上。

山东省淄博市聚力打造"环山东理工大学创业创新带"，共建科技研发总部中心、山东理工大学科技园、"校友经济"孵化园，赋能张店发展智库"四平台"，打造科创人才集聚高地、青年就业创业高地、基础教育高地、文化发展高地"四高地"。全市建成各类科技创业孵化载体近 50 家，山东农业工程学院淄博校区、齐鲁医药学院等 8 所院校落户淄博大学城，198 家高校院所在淄博建立研发平台。为进一步提高人才培养的精准性，淄博市创新实施政校企"订单式技能人才培养体系"，促进教育链、人才链与产业链有机衔接，根据产业需求进行学科设置，让技能人才供给侧精准对接需求侧，融教于产，寓产于教。高校实行"双师制"订单式技能人才培养模式，企业配备技师或工程师担任订单班学生的企业导师，院校选配教师作为专职指导教师。自 2020 年以来，共有 13 家企业与 7 所院校开展订单式人才培养合作，培养高技能人才701 人。

吉林省长春市支持在长春的 12 个重点高校院所联合企业开展技术攻关，突破制约产业发展的关键技术，构建以一汽、吉大、光机所、应化所为代表的大企、大学、大所产学研创新联盟，推进科技成果加快转化。在吸引人才方面，连续实施 8 批次"长白慧谷"英才计划，引进各类高层次人才 3 万余人，"千人计划"专家 4 人、"万人计划"专家 8 人。2020 年以来，华为、浪潮、科大讯飞、神州数码、中兴通讯等一批知名企业入驻长春市，带动 10 万名高校毕业生留长，实现创业就业 9.2万人，连续五年实现人才净流入。

辽宁省鞍山市作为全国首批老工业基地产业转型技术技能人才双元

培育改革试点城市之一，积极引进德国"双元制"职业教育模式，破解职业教育的发展难题。从 2016 年至目前，鞍山市共有 75 家企业 200 名企业培训师，6 所中职院校 161 名专业教师、15 个专业参与试点，试点专业涵盖装备制造、交通物流、电子商务、医疗卫生以及现代服务等领域，开设了激光设备操作与维护、工业机器人装配与操作等课程，共招生 654 人，初步形成"政府引导、企业主体、平台支撑"的技术技能人才双元培育"鞍山模式"。

四川省自贡市围绕产业链布局要求，开展职业技能提升行动，推进中德职教合作"双元制"试点和现代学徒制试点，与 150 余家企业开展校企合作，围绕特色产业组建彩灯学院、盐帮菜学院。此外，自贡市还制定了盐都人才十大新政，实施 100 名经营性企业家、100 名科技型企业家、1000 名成长型企业家培养计划，设立高层次人才创业投资基金，培养和引进了一批科技领军人才、高层次专业技术人才和创新团队。

三、探索产城融合发展，提升产业承载能力

实施城市更新行动是党的十九届五中全会作出的重要决策部署，也是国家"十四五"规划纲要的重大工程项目。老工业城市和资源型城市建市早，工业区和矿区分布集中，且多位于城市的中心区域，普遍存在城市基础设施落后、城市功能不完善等问题。各示范区结合产业结构调整，强化统筹谋划，以提高居民生活品质为目标，通过开展老工业区和独立工矿区搬迁改造等城市更新改造行动，围绕以产促城、以城兴产、

产城融合，补足和提升城市功能短板，探索产城融合可持续发展和城市更新模式，使城市发展的空间和布局更加科学完善合理，不断提升城市品位，不断增强城市活力。

1. 深化改革，扩大开放，改善产业发展环境

城市发展环境在很大程度上影响着企业的投资决策。良好的发展环境可减少企业入驻的行政壁垒，吸引外部资本落地，形成资本、技术、人才等要素集聚。各示范区将打造良好的城市发展环境作为重点工作任务，围绕高质量发展整体要求，大力破除体制机制障碍，不断破解营商环境优化过程中的各类问题，精准、高效、优质地为各类市场主体提供服务。

重庆市大渡口区深化"放管服"改革，创新实施商事服务"进银行、进平台、进园区"举措，在全区 20 个专业化、特色化的孵化平台开展集群注册试点，降低小微企业创业门槛，全面实现企业开办"一日办结"。区政府打造医疗器械"放管服"服务中心，提供优质"预先诊断"服务，开辟医疗器械审批审评快速通道，实施产品注册、生产、流通、使用的全生命周期监管，缩短企业医疗器械产品获证上市时间——最多只需 3 个月，全区医疗器械产品注册证数量跃居全市第一。大渡口区还设立重庆市精准医疗产业专利导航中心，开通数据资源、专利辅导、技术合作、质押融资、成果展示等五大服务平台，为企业提供全方位知识产权服务。重庆市大渡口区因"深化商事制度改革成效显著、落实事中事后监管等相关政策措施社会反映好"获 2020 年度国务院激励表扬。

　　辽宁省沈抚新区创新"互联网＋政务服务"新模式，开发企业登记、药品经营许可等多种高频事项"零填表"系统。通过窗口工作人员询问、身份证读卡器读取、高拍仪拍照等方式采集服务对象基本信息，系统自动生成申请表格及各类模板化材料，服务对象仅需确认签字，无须填写任何表格，完全实现"口头"申报，20分钟可完成企业设立、3小时可完成企业开办所有环节。从2018年9月系统启用后，沈抚新区已办理各类审批业务7644笔，服务各类市场主体4372户。2021年新注册各类企业2103户，同比增长176.35%。

　　湖北省黄石市率先在全省开展企业投资项目"先建后验"改革试点，在完善社会信用体系的基础上，通过企业承诺合法合规，允许企业先行开工建设，将原本前置的审批事项后置到开工建设后、竣工验收前。专门成立企业投资项目审批服务分中心，整体进驻开发区开展审批服务。黄石市投资项目从注册到开工的审批时限由原来的79个工作日缩短到6个工作日。2018年，黄石市试点项目"承诺预办、先建后验"获得国办通报表扬。

　　山西省长治市努力打造全省"审批最少、流程最优、体制最顺、机制最活、效率最高、服务最好"的营商环境。2019年，在市县开展相对集中行政许可权改革，将23个部门的320项行政审批及关联事项划入市行政审批服务管理局集中办理，实现"一枚印章管审批"。长治市大力推行减事项、减流程、减要件、减时限、减证明"五减"行动，使审批事项减少26%，审批环节减少40%，申报材料减少23%，审批时限减少66%，证明材料减少96%，初步形成"宽进、快办、严管、便民、公开"的审批服务管理模式。自2020年以来，长治市全面深入推进"承诺制＋标准地＋全代办"改革，强化改革的集成效应，全力推动项目的高质量落地见效。

辽宁省大连市持续深化商事制度改革，为新开办企业免费刻制印章，实现企业开办"零成本"，压缩企业开办时间至 4 小时，环节精减至 1 个，综合办理时间同比下降 37%。全面启动政务服务"一网通办"，服务事项网上可办率由 2019 年的 34% 提高到 100%（除不宜上网事项外），622 项可在手机端办理，市级 1225 项、区级 2229 项可在 24 小时自助服务区办理，月均办件量为 8000 余件。推出第一批高频事项"最多跑一次"清单，审批时限压缩至总法定时限的 35.8%。整合职能部门的投诉举报热线 76 条，实现 12345 政务服务便民热线"一个号码"管服务、解民忧。

河南省洛阳市加快构建市场化、法治化、国际化的营商环境，政务服务网上可办率达到 96.6%，"最多跑一次"事项覆盖率达到 99.3%，"一窗分类受理"率达到 86.8%。通过合资新设、股权转让、兼并重组等方式推动企业引进资本，推进企业混改，市属企业混改比率达 38.6%。洛钼集团经过两次混改，主营收入增长 58 倍、利润增长 4 倍、资产增长 113 倍，成功转型为千亿级跨国公司。

四川省自贡市不断加强"放管服"改革力度，压减审批时限，推动流程再造，落实惠企政策"一窗受理、一窗兑现"，市本级"最多跑一次"率达 99.8%。围绕国资国企改革，破除体制机制障碍，推进国资监管职能转变，出台实施精简国资监管措施，推进市属国有平台公司市场化、实体化。建立应急周转金，累计帮助 873 家企业融资 114 亿元，累计推动 319 家企业在多层次的资本市场挂牌。

2. 创新发展服务产业，科学推进产城融合

我国正处于产业深度融合与调整的战略变革期和城镇化快速发展的中后期，老工业城市和资源型城市的更新建设与新兴产业的繁荣发展，都需要现代服务业作为中间投入要素、生产支持要素和价值延伸要素发挥服务业渗透、增值和放大等功能作用。各示范区围绕当地城市建设与优势产业，大力发展服务业，不断强化其与城镇化建设及产业链各环节的衔接配合、相互支撑，有力推动了传统产业转型升级和老工业城市更新换貌。

北京市石景山区大力发展高端服务业。一是抢抓金融改革创新、"金融＋科技"深度融合的机遇，加快构建以银行、保险两大板块为核心，带动金融科技机构集聚的产业生态全景，大力发展数字金融、科技金融、供应链金融和普惠金融，加快建成国家级金融产业示范区。二是结合新首钢园区建设，以科幻产业为特色，着力打造科幻产业集聚区，聚焦发展游戏电竞、数字媒体、创意设计等数字创意产业，依托北京市电子竞技产业品牌中心、北京市创新游戏体验区和科幻产业集聚区，建设"国家级文化与科技融合示范基地"。2021 年上半年，全区文化产业实现收入 429 亿元，同比增长 69.5%，占全区第三产业收入的 22.5%。三是紧抓 2021 年中国国际服务贸易交易会的主场优势，锁定"两区"（国家服务业扩大开放综合示范区、北京自由贸易试验区）建设和国际消费中心城市建设重点任务，组织策划多场主题论坛、展览展示和招商推介活动，与近百家企业合作签约，涉及金额 600 余亿元，其中落地高精尖产业项目 58 项，涉及金额约 438 亿元。

辽宁省沈阳市重点发展以会展、金融和旅游等为主的现代服务业。

一是继续做强"全国汽车配件商品交易会"等可连续承办的"生根型"展会，扩大会展规模；全面做好"沈阳国际广告节暨东北亚国际广告展"等合作举办的"嫁接型"展会，延伸会展产业链，2018 年共举办会展活动 406 项，展览交易额达到 3025 亿元。二是创新发展金融服务，推进自贸区金融岛、金融街、基金小镇建设，支持网信证券、金融租赁、供应链金融等现代金融业态发展，探索"互联网＋证券"的创新金融模式。三是推进农业与旅游休闲、健康养生的深度融合，建成一批集生态观光、田园采摘、民俗创意等为一体的都市休闲农业合作项目，打造了 10 余个乡村旅游示范村。

山东省淄博市推动服务业向制造业研发、生产、管理及销售全过程渗透，服务业增加值占地区生产总值比重达到 47.3%，现代服务业创新型企业快速发展。依托淄矿集团将鲁中煤炭交易中心改造升级为齐鲁云商。注入政府股本，建成山东省首个具有生态圈功能的大宗物资交易平台，为企业和用户提供大宗商品线上交易、网络货运、云仓智联、供应链金融、数据技术等一体化服务。依托山东卓创资讯，打造大宗商品价格资讯数据服务平台。通过利用庞大的数据资源，成立大宗商品数据管理中心，完善价格评估体系，以能源、化工、橡胶、塑料、有色金属、钢铁、农资、农产品、再生资源等领域大宗商品产业链为基础，量化分析后为行业和企业发展提供数据参考。卓创资讯数据已研发 300 余个大宗商品指数，拥有 673 个专业产品网站、涵盖近万种产品，用户群体涵盖产业客户、金融机构、商品期现货交易所、政府机关、媒体、科研院所等，为 38 个国家、130 万客户提供服务，已成为全球领先的大宗商品信息提供商、国家级服务业标准化试点单位、国家发展改革委"全国价格监测定点单位"、国家统计局大数据合作平台企业。

广东省韶关市聚焦宜业宜居宜游，探索韶钢等老厂区产城融合发展模式。一是创新老厂区创业就业新载体，盘活老厂区闲置低效用地，完善厂区基础设施建设，导入上下游产业项目，建设入园企业创新孵化中心。作为入园科创企业集中注册地，韶钢科创中心大楼改造项目目前有欧冶链金、镭目科技、众投邦等企业注册，注册资金达1.3亿元。二是实施老厂区及周边区域"七个一"工程，即建设一所中小学、一所职业院校、一家医疗卫生机构、一个生活区、一个商业区、一片公共绿地，开通一条到中心城区的公交线路，构建老厂区15分钟产城融合生活圈。三是打造老厂区旅游新景象，利用老旧厂房与闲置生产设备，创新发展影视基地、文化创意、艺术展示、工业体验、研学旅游等功能，建成天空之镜、彩虹喷泉、彩田花海、松山湖、717智慧小镇等网红景点和樱花大道、黄金大道、风铃大道、紫荆大道、时光隧道等线型景观，厂区绿化率超过40%。

江苏省徐州市加快退城进区、"退二进三"，引导退城入园企业进行主辅业分离，将研发设计、结算中心、售后服务等留在城区，实现"增量式"搬迁。搬迁后腾出的土地，除部分用于房地产开发外，结合城市改造科学布局商贸、物流、金融、旅游等一批现代服务业项目，大力发展楼宇经济、平台经济。对部分城市老场所、老建筑，按照"宜拆则拆、宜改则改、拆改结合"的原则，分类实施综合利用，重点建设了时尚街区、创意产业园、中华老字号等一批特色街区。大力发展文化旅游产业，重点打造了汉文化景区、老徐州历史文化片区、淮海文博园、民博文化园等文化旅游园区。

　　重庆市大渡口区加快建设钓鱼嘴音乐半岛，推进长江音乐厅、长江音乐学院等重大功能性项目落地，培育完善音乐文创产业链。支持万吨冷储建设冷链食品总部基地，支持龙文钢材市场打造智能物流平台，鼓励中国邮政等物流企业助力乡村振兴，提升现代物流发展水平。大力发展现代商贸，完善九宫庙商圈综合配套服务，推进智慧商圈建设，建成一批特色商业街区和精品夜市街区。推动传统批发市场"触网"升级，促进医药、新材料、食品加工等企业优化采购、分销体系，建设一批区域性产业电子商务平台。

　　河南省鹤壁市依托交通区位优势，以建设豫北地区重要物流中心城市为目标，规划建设 7.8 平方千米的白寺物流园区，致力于打造豫北规模最大的电商快递物流产业基地、区域性冷链物流产业基地、农副产品集散地。京东（鹤壁）亚洲一号电商产业园开园运行，韵达鹤壁傲智仓储物流、顺丰丰泰创新产业园、上海民禾冷储基地等一批重点项目开工建设。2020 年，鹤壁市被确定为河南省区域物流枢纽之一。鹤壁市依托煤炭产区和晋豫鲁铁路，规划建设 10.08 平方千米的现代煤炭物流储备与煤炭交易物流园，入驻实体企业 21 家、总部企业 42 家，形成了年洗选煤炭能力 600 万吨、物流能力超过 2000 万吨的规模。该物流园成为全省最大的煤炭物流储配交易基地，也是国家重要的煤炭储备交易基地，被评为国家级第三批示范物流园区。2020 年，全市数字经济交易额突破 30 亿元，第三产业增加值占比达到 35.6%，比 2015 年提高 7.7%。

3. 加强工业遗产保护，推进城市更新改造

　　工业遗产是人类社会所创造的文明成果，记录了特定背景下的经济

社会、工艺技术及产业的发展水平和时代特点，具有重要的历史、社会、文化和经济价值。各示范区在充分梳理当地工业遗产资源的基础上，以利用既有建筑、保持格局尺度、延续特色风貌为准则，深入发掘工业遗产的历史内涵和文化价值，探索工业遗产保护利用新模式，在实现工业文化传承的同时，推动了老工业城市的更新发展。

湖北省黄石市是一座历史悠久的工业重镇、中国近代工业重要发源地。黄石市汉冶萍煤铁厂创建于 1908 年，是中国历史上第一家大规模采用新式机械设备进行生产的钢铁煤联合企业。经过近百年开采，大冶铁矿东露天采场形成了落差 444 米的世界第一高陡边坡，坑口面积达 108 万平方米，被誉为"亚洲第一天坑"。以此为核心打造的黄石国家矿山公园成为中国首座国家矿山公园，是湖北省继三峡大坝之后第二家"全国工业旅游示范点"，入选中国世界文化遗产预备名单。此外，黄石市还实施了黄石矿物晶体奇石文化博览园、湖北新华水泥遗址博物馆、黄石地质馆、东钢工业遗址文化产业园等一批重点项目，着力将工业遗产转化为科普、文化、旅游资源，推动"工业锈带"向"生活秀带"转变。

江西省萍乡市拥有长达百年的煤矿工业开采历史，遗留下大量工矿文化遗址、遗迹以及衍生出的红色文化资源，包括安源纪念馆、工人俱乐部、消费合作社、总平巷、盛公祠、张公祠、矿局办公楼、东西南北院、运煤铁路、蒸汽机车、选煤车间、洗煤台、安源路矿工人居所、安源电厂等，在这些矿业生产遗址、活动遗迹、制品、开发史籍、红色文化遗迹中，属于全国重点文物保护单位的 6 处、省市文物保护单位的 20 余处。萍乡市以安源煤矿近代工业遗址区为主体，整合形成安源路矿旅游景区，并成功入选国家旅游局 2017 年推出的 10 个国家工业遗产旅游基地之一。近年来，萍乡市以修复工业遗址为契机，整合优势资源，深挖旅游富矿，传统工业旅游与生态游、乡村游差异化发展又互为补充，线路叠加，业态相融，行业烙印鲜明的工业旅游正日趋多元，逐渐从小众走向大众。

北京市石景山区利用冬奥会契机，将工业遗产保护与新兴产业发展有机结合。一是以首钢工业遗址公园为核心打造北京冬季奥林匹克公园，利用首钢原筒仓、料仓等工业建筑物，采用不改变外轮廓线而只改变内部结构用途的利用方式，建成北京冬奥会主运行中心、冬奥会保障指挥中心、冬奥会技术运行中心等办公场所和国家冰雪运动队训练、冬奥会跳台滑雪比赛等比赛场地，成功举办滑雪世界杯、冰壶世界杯总决赛、城市越野滑雪赛等一批国际体育赛事活动，参与人数累计超过 20 万人。二是发展工业文化旅游，建成我国第一家以工业文化遗产为特色的 3A 级旅游景区首钢工业文化旅游区。该旅游区以钢铁生产工艺流程为主线，充分用好高炉、架空管廊等工业遗产，让游客身临其境感受钢铁生产的壮观场面。景区规划每年接待游客 400 余万人。

河北省唐山市在百年工业发展历程中留下了众多的工业遗迹遗存，具有开发工业旅游的丰厚资源条件。近年来，唐山市利用在中国工业发展史上煤炭、水泥、陶瓷、机车制造、铁路建设行业中创造的多个第一的独有优势，重点投资开发建设开滦、唐钢、北车、唐陶等典型企业的工业旅游项目，使之成为唐山市工业旅游的品牌产品。开滦国家矿山公园入选国家旅游局组织推选的 22 家首批国家工业旅游创新单位，该公园以 1878 年开始采掘的煤矿矿山为主体，全程展示煤矿开采历史、采煤过程和历史上的煤矿工人罢工运动等事迹。游客还可以下到开滦煤矿矿工的采煤现场，目睹通过蜡像、声光电等现代科技复原的采煤历史场景，特色十分鲜明。

辽宁省鞍山市坚持"工业遗产＋"的融合创新模式，推动工业遗产保护利用与文化保护传承、产业创新发展、城市功能提升协同互进，延续城市文脉，彰显鞍山特色。鞍山市推进"工业遗产＋博物馆"，已建成 7 座博物馆，构建了以鞍山市博物馆和鞍钢集团博物馆为龙头的博物馆体系，集中展示人文精神遗产和工业文化遗产。其中，利用原烧结总厂改建的 1.2 万平方米博物馆和 5.5 万平方米钢铁主题公园，是全国规模最大的行业博物馆和同类主题公园。鞍山市推进"工业遗产＋旅游"，打造以"钢铁是怎样炼成的"为主线的"鞍山钢铁之旅"工业旅游线路，这条旅游线路被评为国家工业旅游特色路线，目前累计接待游客 100 余万人次。

黑龙江省大庆市深度整合工业旅游资源产品，打造红色旅游板块，将大庆石油会战誓师大会遗址、松基三井、东油库、西水源等多处石油工业遗址确定为大庆市工业遗产市级文物保护单位，整合纪念馆、创业遗址、工作现场、矿区新貌等，包装体验式、定制式旅游产品。通过核心项目规划建设，大庆市利用总机厂旁边的湖泊，规划建设以工业废品雕塑为主要景观的主题雕塑公园，进一步提升工业旅游产品的品质。大庆市曾荣获首批"国家工业旅游创新单位"称号，是黑龙江省唯一、全国仅有的两座获此殊荣的城市之一。

四、坚持绿色低碳发展，加强生态环境保护

老工业城市全面落实国家淘汰落后产能要求，以壮士断腕的气魄，通过企业兼并重组、转型转产、搬迁改造等途径，削减高排放、高消耗、低收益产能，加快推进煤炭、钢铁、水泥、化工、电解铝、平板玻璃、火电、有色金属、印染、焦炭等行业落后产能的退出，对一些污染严重的企业实行"关、停、并、转、迁"，贯彻绿色低碳发展理念，坚持生态环境优先，加大环境污染治理力度，推动传统产业向绿色低碳发展转型。

1. 淘汰落后低效产能，推动产业绿色转型

高能耗、高物耗、高污染曾经是老工业城市优势传统产业的共同特征，也是造成环境污染和生态破坏严重的主要原因。在探索产业转型升级的过程中，示范区城市进行了有益的探索，坚决淘汰落后低效产能，倒逼企业进行生产工艺升级、技术升级、产品升级，直接降低了单位产品的能耗、物耗和污染物排放量，同时也为先进产能的发展腾挪出生态环境容量，在产业绿色转型方面取得了显著成效。

河北省唐山市建立违规新增钢铁产能和封停设备复产情况市县联动监管机制，实施县级月排查、市级季核查的常态化监督，紧盯重点区域、重点企业和重点设备，确保封停装备不复产，彻底管住违规新增产能。2003 年以来，唐山市累计化解落后炼钢产能 5000 万吨、炼铁产能 3000 万吨，分别占河北省化解钢铁产能总量的 2/3 和 1/3。其中，2017 年化解落后炼钢产能 993 万吨、炼铁产能 576 万吨、焦炭产能 398 万吨、

煤炭产能 50 万吨、火电产能 6.7 万千瓦。2018 年压减炼钢产能 500.25 万吨、炼铁产能 298 万吨，国丰南区、清泉、顺兴 3 家企业实现了关停退出，启动了位于城区（县城）及周边的 11 家钢铁企业、280 家陶瓷企业退城搬迁。

山西省长治市推动煤炭资源利用向"清洁化、高端化、精细化、差异化"发展。2017 年，师庄煤矿、太行王家峪煤矿、庄底煤矿关闭，压减产能 165 万吨，全市累计去产能 375 万吨；冶金行业制定化解过剩产能实施方案，"地条钢"全部出清；电力行业 30 万千瓦以上机组全面完成超低排放改造，落实超低排放改造机组 10 台，装机容量 486 万千瓦；通过兼并重组、产能置换、淘汰落后产能，焦化行业 5.5 米以上大机焦产能占比达到 55%。从 2016 年到 2018 年，共关闭退出 11 座煤矿，压减产能 570 万吨，2018 年全面完成退出钢铁产能 155 万吨，提前完成"十三五"化解煤炭钢铁过剩产能目标任务。2020 年压减焦化过剩产能 642 万吨，将全市原有的 16 座 4.3 米焦炉进行整合，新建 8 座 6 米以上大机焦炉，全部建成投产后全市先进产能占比可达到 90% 以上。

湖北省黄石市把长江生态保护放在首位，切实保护"一江清水"，先后关停沿江非法码头、露天采石场、模具钢企业各 100 多家，化解钢铁行业过剩产能 73 万吨，淘汰粗钢落后产能 36 万吨、生铁落后产能 60 万吨，化解煤炭行业过剩产能 135 万吨，实现全域无落后钢铁产能、无煤炭生产企业。黄石市在做"减法"的同时，也做"加法"，引导关停企业换跑道、找出路。如利用环保督查，倒逼全市模具钢企业达标升级、退城入园，占国内一半市场的黄石模具钢产业实现华丽转身。

河南省平顶山市建立关闭退出煤矿省市县三级推进机制，每季度召开联席会议，有序推进煤矿关闭退出工作，统筹推动化解过剩产能，及时协调解决困难和问题，确保煤矿关停到位。近五年，平顶山市共关闭退出煤矿产能 638 万吨、关停拆除落后火电机组 30 万千瓦、炼铁高炉 3 座、炼钢产能 20 万吨，淘汰全部"地条钢"，整治取缔"散乱污"企业 8000 多家，转移安置职工 3.5 万人，实现了落后产能有效退出，社会大局稳定。同时推进企业实施绿色化改造，平棉纺织集团等 3 家企业创建国家级绿色工厂，中鸿煤化集团获国家能效"领跑者"称号。

湖南省湘潭市积极淘汰落后产能和压减过剩产能。2018 年，全市关闭水泥厂 30 家、煤矿 15 处、化工企业 60 家。湘钢全部淘汰和停产 400 立方米以下高炉、30 吨以下转炉和电炉，中冶湘重 50 万吨电炉项目顺利关停。湘潭市淘汰 18 家砖厂、1 家水泥厂、1 家沥青搅拌站、1 条落后生产线。全市高耗能行业占规模工业比重由 2010 年的 50% 下降至 2018 年的 19%。

湖南省娄底市排查整顿不符合产业政策的小高炉、矿热炉、冲天炉等落后工艺设备。2017 年对全市 19 家化工企业进行排查整改，关闭 26 家铸造企业的 28 台 3 吨及以下的冲天炉。关闭冷水江市泰和金属有限公司中频炉 3 台套，淘汰炼钢产能 2 万吨。关闭煤炭矿井 23 处、石膏矿山 5 家，淘汰落后产能 988 万吨。2018 年关闭煤矿 22 处，淘汰产能 133 万吨，年产能由 1600 多万吨调减至 517 万吨，钢铁产能由 1200 万吨削减到 1000 万吨。

贵州省六盘水市"十三五"以来，共淘汰高耗能、高污染行业落后产能 1700 余万吨，涉及焦炭、铁合金、水泥、电解铝、有色金属、电力、钢铁、电石、制革、造纸等 10 个行业 277 户企业 534 条生产线。煤炭行业累计去产能 1045 万吨，共减少产值约 80 亿元，增加值约 40 亿元。钢铁行业化解粗钢过剩产能 150 万吨，减少产值约 55 亿元，增加值约 10 亿元。焦炭行业淘汰产能 100 万吨，减少产值约 12 亿元，增加值约 3.2 亿元。

2. 治理污染修复生态，全面改善环境质量

生态破坏和环境污染历史欠账多是老工业城市和资源型城市普遍存在的问题。示范区城市大力实施污染综合整治，有序推进城区老工业区搬迁改造，对工业用地实施再开发利用。将曾经因采矿破坏的土地整治为城市发展的新空间，将矿山建设为工业旅游度假区，变工业"锈带"为景观"秀带"是许多城市探索出的可复制可推广的经验。

宁夏回族自治区石嘴山市将淘汰落后产能、遏制"两高"项目与生态环境治理结合起来，倾全市之力开展贺兰山自然保护区的生态环境综合整治，全面治理贺兰山北部汝箕沟、石炭井沟等矿区的历史遗留环境问题。从 2017 年至今，石嘴山市共关闭退出煤矿 39 家、非煤矿山 61 家、涉煤企业 582 家，退出煤炭产能约 2000 万吨，占全市煤炭产能的 90% 以上。同时，完成治理面积 146 平方千米，完成治理点 278 个，新造林绿化 8000 多亩，播撒草籽 130 平方千米，累计完成投资 14.55 亿元，相当于 2020 年全市一般公共预算收入的 67.1%。目前，保护区内煤矿、非煤矿山等企业全部关闭退出，贺兰山整体生态环境得到极大改善。

江苏省徐州市持续加强生态保护和环境治理，从"一城煤灰半城土"转变为"一城青山半城湖"。一方面，实施蓝天碧水净土工程。精

准实施工业烟气、"散乱污"企业、挥发性有机物、扬尘污染、机动车污染、非法采石等六大专项治理，PM2.5 平均浓度降幅连续三年居全省第一。扎实推进水系贯通、活水畅流，市区黑臭河道全部去黑返清。分类修复工矿废弃地和受污染的工业用地，转化为可用耕地、街头绿地、商业用地。另一方面，开展生态修复工程。综合治理近 10 万亩采煤塌陷地，完成采煤塌陷地复垦置换项目 43 个，整理耕地 4.48 万亩，置换建设用地指标 2.91 万亩。对岩口、矿坑、裸岩和断崖，因地制宜采用绿化造林、岩壁造景、遗存保护等手法，使 90% 的采石岩口成为各具特色的公园，珠山宕口遗址公园成为全国首个宕口遗址公园，金龙湖宕口公园被誉为废弃矿山治理典范。

湖南省株洲市结合长株潭一体化发展，按照实施老工业区企业关停与土地收储、搬迁转型、人员安置、污染治理和园区建设"五个同步"推进清水塘老工业区搬迁改造项目。先后制定清水塘企业土地收储实施办法、关停搬迁奖补办法、市内搬迁转型指导意见、关停搬迁奖补办法补充规定、搬迁改造企业失业人员实行再就业帮扶实施办法等系列配套政策。截至 2017 年底，共关停企业 147 家，收储面积 3400 亩，完成棚改征拆 10051 户。通过整体开发、建设、运营，一个全新的清水塘老工业区生态科技新城正在建设之中。

河南省平顶山市把露天矿山综合整治与采煤沉陷区综合治理有机结合起来，先后完成矿山地质环境恢复与治理工程 78 个，治理土地 2 万余亩。加强城市北部采煤沉陷区和 7 座山体生态修复治理，打造市区绿色生态屏障。创新综合治理模式和融资渠道，落实"一矿一策"生态修复方案，成功探索出"平台融资—土地整治—收益共享"的工矿废弃地整治模式，被省自然资源厅肯定为"宝丰模式"并向全省推广。对煤炭开采产生的矸石山采用覆土绿化、转移填埋、资源利用等方式，将矸石裸露、尘土飞扬的"污染源"变成植被茂密的矸石山公园。2020 年，优良天数改善率、净增加天数均居全国第一位，PM10、PM2.5 平均浓度及优良天数达到历史最好水平。

吉林省松原市将查干湖生态修复、人居环境整治、景区绿化美化作为头等大事，拆除查干湖周边违章建筑，清理查干湖周边垃圾处理点，累计清运垃圾 39 万立方米，清理柴草垛 7850 个，清理粪堆、土堆 1.8 万个。加强水岸基础设施和环湖景观带建设，实施还林、还草、还湿工程，不断改善查干湖水质，查干湖与库里泡连接渠、大玉儿湿地补水工程全面完工，还林还草还湿 2.4 万亩，投放"净水"鱼苗 1000 万尾，通过"以水养鱼、以鱼净水"，总氮浓度和总磷浓度分别减少 1.3% 和 0.08%。此外，松原市积极推进环湖农业种植结构调整，引导农民开展中草药、林果、树木、花卉、水生植物等种植，消减农田化肥农药使用量，促进查干湖景区生态环境持续改善，初步形成了保护生态、美化风景、增加农民收益的多赢局面。

宁夏回族自治区宁东基地"蓝天、碧水、净土"三大行动取得重大成效，"三废"治理成效明显，全面完成自治区环境质量控制和总量减排目标任务。宁东基地建成一批"近零排放"工程，实现工业废水不出园区、不入黄河；彻底整治"散乱污"的小煤场，建成宁东煤炭储运港，恢复生态面积 6 平方千米，变黑色污染为绿色发展；建立健全"党政同责、一岗双责、齐抓共管、失职追责"安全生产责任体系，全力推进专项整治行动，开展标准化创建达标，建成 3 座消防站，强化专业化应急救援队伍建设，安全生产形势持续稳定向好。

　　四川省宜宾市高起点建设长江生态第一城，大力建设长江上游生态屏障核心区，实施城市山体生态修复 369 公顷，建成 68 千米生态廊道、金沙江湿地公园和岷江生态修复项目。实施"长江生态综合治理"项目，陆续搬迁天原化工厂、八九九厂、宜宾发电厂等老企业，实施"退城入园"。累计投入资金约 210 亿元，共搬迁沿江各类企业 57 户、关停高耗能高污染企业 137 户、棚改拆迁改造 9277 户，整改城市黑臭水体和长江入河排污口 6 个，治理尾矿库隐患 5 座，治理面源污染 217 处，整改沿江乡镇集中式饮用水源地 49 处，新建城镇污水处理设施 33 个、园区污水处理设施 21 个，拆除非法码头 32 座，取缔非法采砂和堆场 18 个，回收退捕鱼船 630 艘，渔民转产安置率达 100%。

　　吉林省吉林市从加强煤烟型污染治理、推进分散燃煤小锅炉整顿、强化工业企业污染治理、开展"散乱污"企业综合整治、加强秸秆禁烧管控、全面推进柴油货车污染治理、完善环境空气质量预警体系等方面入手，持续开展大气污染防治行动。2018 年，吉林市推进劣五类水体治理和水质提升项目建设，谋划推进重点工程项目 32 项，已建成试运行 2 项，实现主体完工 11 项。吉林市近年来开展了饮用水水源地环境保护专项行动，完成县级水源地问题整治，全部完成建成区"九河一湖"黑臭水体整治工程，完成对全市 1169 个入河排污口的排查工作。

3. 加速发展低碳产业，推进资源循环利用

　　对传统产业实施循环化改造、对新产业按照循环化目标构建、实现减量发展，是老工业城市开展产业转型升级的有效路径。示范区城市从

工业园区和工厂的设计、建设到生产运营，全过程执行绿色生产、低碳循环的标准，节能降耗减污，按照源头减量、过程控制、减少资源能源消耗和废弃物生产的要求，开展资源综合利用，创建了一批国家级循环化改造示范园区、绿色工厂，成为推进绿色低碳发展的典范。

辽宁省沈阳市近年来遵循绿色发展理念，加速产业结构调整和升级创新，涌现出东北制药、华晨宝马、沈鼓集团等一批绿色工厂和花园式工厂，向节能、低碳、绿色制造转型。华晨宝马铁西工厂已获批成为国家 4A 级景区，巨型厂房和生产线设计都充分考虑节能环保要求，屋顶天窗高效利用太阳能，智能灯光、中水回用、包装物循环利用等举措也节约大量能源，机器人热回收技术每年节电数百万千瓦时。沈阳新松机器人自动化股份有限公司将绿色工厂建设提升到企业发展的战略高度，机器人自动喷漆单元采用自产喷涂机器人，实现零人工、机器人整机喷漆，减少油漆危害和环境污染。

湖南省湘潭市以企业内部循环化利用改造工程为重点，不断完善关联产业的区域循环化利用。以湘潭钢铁公司为主体，进一步完善炼钢炼铁废渣、高炉煤气、生产废水循环化利用，构建湘钢企业内部废渣、废水、高炉煤气、余热等循环化利用产业链，从源头上减量。同时，引导湖南华新湘钢水泥公司、湖南恒宇建材公司、泰山石膏（湘潭）等企业，综合利用湘潭钢铁公司、大唐湘潭发电、湘潭电化集团的废渣，构建以绿色冶金为主导的循环经济产业链，年综合利用废渣 500 多万吨。湘潭电化与湘潭市华昇环保科技有限公司合作，实现锰渣全部资源化利用于建材。

宁夏回族自治区石嘴山市按照"资源有限，创意无限"的思路，将固废、尾气变废为宝。石嘴山市平罗县滨河碳化硅制品有限公司主要从事碳化硅生产及产品深加工和销售，建有全球行业内规模最大的 3 条碳化硅生产线。一是年综合回收碳化硅冶炼过程的全部 CO 尾气约 24 万吨，通过煤气管线经煤气柜稳压后，输送至水泥厂和滨河电厂，代替燃煤 15 万吨，实现了尾气综合利用，每年冬天燃烧尾气的余热为园区及平罗居民提供供热 450 万平方米。二是将原有硅锰合金矿热炉从开放式改造为密闭式，密闭炉内产生的炉气经净化后，经管线送往年产 6 万吨生物发酵制燃料乙醇项目作为原料利用。通过对工业尾气的高效清洁利用，石嘴山市大大提升了城市的绿色低碳发展水平。

安徽省铜陵市加快资源综合利用，强化尾矿、磷石膏等大宗工业固体废弃物综合利用，工业固废资源综合利用率超过 91%。完善和提升特色循环产业链，立足现有主导产业，以铜、硫、石灰石三大资源节约集约、高值高效利用为重点，加速推进千亿铜产业、百亿精细化工、百亿新型建材等产业循环化改造项目，推动不同行业的企业以物质流、能量流为媒介进行链接共生，实现原料互供、资源共享，建立跨行业的循环经济产业链。铜陵经开区园区循环化改造顺利通过国家验收，成为全国首批、全省首个国家级园区循环化改造示范园区。

宁夏回族自治区宁东基地的宝丰能源集团坚持绿色发展原则，打造全国规模最大、产业链最全的集"煤、焦、气、甲醇、烯烃、聚乙烯、聚丙烯、精细化工、新能源"于一体的循环经济产业园区。首先，宝丰能源集团利用宁夏优越的太阳能资源生产绿色电能，然后，使用绿电制取绿氢、绿氧，首创将绿氢、绿氧直供化工系统，用绿氢替代原料煤、绿氧替代燃料煤生产高端化工产品，实现新能源与现代煤化工的融合协同发展，降低了现代煤化工装置综合能耗，提高了碳资源转化率，成功探索出一条用新能源替代化石能源且技术、经济可行的"碳中和"科学路径。宝丰能源集团投资引进 30 台套制氢装置，年产 2.4 亿标方绿氢、1.2 亿标方绿氧，每年可直接减少消耗近 40 万吨标煤、减少二氧化碳排放约 70 万吨。

湖南省娄底市设立循环经济引导资金，推进资源综合利用、清洁生产和节能优化改造三大工程，新产生的工业废弃物利用率达到 100%。钢铁行业实施清洁生产工程，积极发展"三余发电"，自备发电率达到80% 以上。水泥企业开展协同处理城市生活垃圾试点，双峰海螺水泥建成了日处理 300 吨生活垃圾资源化无害化生产线，为全国成功探索了工业企业协同处理城市生活垃圾模式。娄底市成功的循环经济标准化试点经验得到国家标准委和国家发展改革委推广。

贵州省六盘水市按照"减量化、再利用、资源化"的原则，对产业"存量"实施循环化改造，对产业"增量"进行循环化构建，推动煤炭、电力、钢铁等传统产业绿色转型。建成首钢水钢"水—气—固废"、盘江发电"煤—电—化—建"循环利用链条，全市瓦斯利用率达到 51%、矿井水达标排放率实现 100%、煤矸石综合利用率达到 83.2%。全市生态利用型、循环高效型、低碳清洁型、环境治理型"四型"产业的绿色经济增加值占地区生产总值比重达到 44.02%。

河南省鹤壁市大力实施产业园区改造提升、蓝天碧水、绿色建筑、绿色低碳交通、可再生能源利用五大工程，加快构建循环型工业、农业、社会"三位一体"的循环经济体系，形成了产业聚集、协同发展的循环经济发展"鹤壁模式"，建设示范项目 180 个，完成投资 84.5 亿元，在国家节能减排财政政策综合示范市考核中连续 3 年获得优秀等次、整体考核中排名第一，累计获得奖励资金 15.6 亿元。2020 年全市单位生产总值能耗、二氧化碳排放量分别比 2015 年累计下降 33.34%、33.07%，全市单位生产总值水耗比 2015 年下降 25.65%，工业固体废弃物、农村秸秆综合利用率均超过 90%。

第六章

发展展望

"十三五"时期，各示范区城市立足自身资源禀赋和后发优势、比较优势，建设工作卓有成效，探索形成了一系列典型经验和做法。示范区城市通过提高自身科技创新能力，不断优化产业结构，壮大产业集群、培育新兴产业、承接产业转移、发展地方特色产业等方式，创造了全国老工业城市 40% 的地区生产总值和 43% 的工业增加值。近年来，示范区城市通过自身的不懈努力与真抓实干，特别是在新冠肺炎疫情影响之下逆势而上，示范区的影响力和带动作用不断增强，为"十四五"期间高质量发展奠定了坚实基础。

"十四五"时期，我国进入新发展阶段，建设社会主义现代化国家新征程起步期将全面开启。新发展阶段对我国众多老工业城市和资源型城市的发展提出了新的要求，但我国发展不均衡的问题仍较为突出，示范区城市的进一步发展必将面临新的挑战。

从区域发展看，东北、西部部分示范区城市仍存在诸多发展困难，中西部地区示范区城市结构调整难度高，南北分化趋势更加明显，示范区内中心城市对其他城市的带动作用不够明显。

从重点产业发展看，示范区城市的产业结构仍偏重，主导产业中如钢铁、化工、石化、冶金、有色等资源密集型产业占比仍较高，迫切需要从过去依赖资源型产业、依托重工业产业的局面中走出来，加快形成多元化发展的产业格局。

从核心技术看，示范区城市在关键行业掌握的核心技术仍存在明显短板，底层工业技术匮乏，工业互联网等新型基础设施水平比较落后，支持实体经济特别是制造业发展的政策还需进一步加强。因此，示范区城市仍需增强经济发展内生动力，解决结构性就业矛盾，为构建充满活力的现代化城市和产业基地还需要进一步付出更大努力。

国家"十四五"规划纲要明确了"支持老工业基地制造业竞争优势重构，建设产业转型升级示范区"的重要部署。由于我国老工业城市在国民经济发展中占有重要地位，这些城市能否成功转型，将直接影响我国第二个百年奋斗目标实现的进程。而示范区城市作为我国老工业城市的典型代表，肩负着引领全国老工业城市转型发展的重要使命。按照国家"十四五"规划纲要要求，为推动新时代示范区城市高质量发展，国家发展改革委联合科技部、工业和信息化部、自然资源部和国家开发银行出台了《关于"十四五"支持老工业城市和资源型城市产业转型升级示范区高质量发展的实施意见》，全面部署了"十四五"期间产业转型升级示范区的建设工作。

展望未来，"十四五"时期示范区的重点工作仍将是以创新驱动为核心，继续优化产业结构，增强产业的竞争力，提升老工业城市的功能品质，加快实现绿色低碳转型发展。

一是要坚持创新引领，增强产业核心竞争力。示范区要专注于科技创新，打造更加完善的创新体系，依靠技术进步和创新驱动高质量发展。"十四五"期间，示范区城市要积极参与国家重大科技基础设施建设，与高等院校、科研院所联合建设科技创新平台和新型研发机构，培养产业发展的急需人才，打造协同高效的全产业链发展模式和产业生态，推动制造业集群化发展，推进制造业智能化改造，促进制造业与信息技术、制造业与服务业、制造业与文化旅游业之间的融合发展。

二是要坚持协调发展，提升城市功能品质。要将产业转型与城市更新有机结合，同步谋划，统筹规划，提升城市的承载能力。鼓励有条件的示范园区探索由单一生产功能型产业园区向城市综合功能区域和行政区转变，同时支持县域产业转型升级示范园区推广相关经验和做法，增强县域经济增长动力。

三是要坚持绿色转型，加快实现低碳发展。老工业城市作为聚焦减污降碳协同效应显著的区域，绿色低碳发展是构建高质量发展经济体系的必然要求，各示范区要按照"十四五"期间"碳达峰""碳中和"工作要求，贯彻绿色低碳发展理念，全力推动制造业绿色转型发展，加快推动唐山、鞍山、大庆、吉林、松原、平顶山、六盘水等"钢城""油城""煤城"开展绿色化改造，加快淘汰落后产能，发展循环经济，为老工业城市加快实现低碳发展和促进经济社会全面绿色转型做好示范。

"十四五"时期，示范区城市应切实把握新发展阶段，持之以恒地贯彻新发展理念，积极融入新发展格局，坚持不懈推动高质量发展，加快转变经济发展方式，加快产业转型升级，加快新旧动能转换，推动经济发展实现量的合理增长和质的稳步提升，在加强制造业竞争力、加快创新平台建设、促进产城融合和绿色发展等方面不断探索转型升级路径，形成更多亮点和经验，为老工业城市和资源型城市加快实现低碳发展和促进经济社会全面转型做好示范。

附　件

1. 全国产业转型升级示范区及城市名单

区域	示范区	城市（区）	示范园区
东北地区	辽宁中部（沈阳—鞍山—抚顺）产业转型升级示范区	沈阳市 鞍山市 抚顺市	中德（沈阳）高端装备制造产业园 鞍山高新技术产业开发区 沈抚改革创新示范区 抚顺高新技术产业开发区
	大连产业转型升级示范区	大连市	大连经济技术开发区 大连高新技术产业园区
	吉林中部（长春—吉林—松原）产业转型升级示范区	长春市 吉林市 松原市	长春高新技术产业开发区 长春经济技术开发区 吉林经济技术开发区 松原石油化学工业循环经济园区
	黑龙江大庆产业转型升级示范区	大庆市	大庆高新技术产业开发区 大庆经济技术开发区
东部地区	北京京西产业转型升级示范区	石景山区 门头沟区	中关村科技园区石景山园
	河北唐山产业转型升级示范区	唐山市	唐山曹妃甸经济技术开发区 唐山市高新技术产业开发区

续表

区域	示范区	城市（区）	示范园区
东部地区	江苏徐州产业转型升级示范区	徐州市	徐州高新技术产业开发区 徐州经济技术开发区
	山东淄博产业转型升级示范区	淄博市	淄博高新技术产业开发区 淄川经济开发区
	广东韶关产业转型升级示范区	韶关市	韶关高新技术产业开发区
中部地区	山西长治产业转型升级示范区	长治市	长治高新技术开发区 长治经济技术开发区
	安徽铜陵产业转型升级示范区	铜陵市	铜陵经济技术开发区
	江西萍乡产业转型升级示范区	萍乡市	萍乡经济技术开发区

续表

区域	示范区	城市（区）	示范园区
中部地区	河南西部（洛阳—平顶山）产业转型升级示范区	洛阳市 平顶山市	洛阳高新技术产业开发区 平顶山高新技术产业开发区
中部地区	湖北（黄石—襄阳）产业转型升级示范区	黄石市 襄阳市	黄石经济技术开发区 襄阳高新技术产业开发区
中部地区	湖南中部（株洲—湘潭—娄底）产业转型升级示范区	株洲市 湘潭市 娄底市	株洲高新技术产业开发区 湘潭高新技术产业开发区 湘潭经济技术开发区 娄底经济技术开发区
西部地区	内蒙古西部（包头—鄂尔多斯）产业转型升级示范区	包头市 鄂尔多斯市	包头稀土高新技术产业开发区 包头装备制造产业园区 内蒙古鄂尔多斯准格尔经济开发区 达拉特经济开发区
西部地区	重庆西部产业转型升级示范区	永川区 江津区 荣昌区 大渡口区 重庆高新区	重庆高新技术产业开发区 重庆江津综合保税区 重庆永川高新技术产业开发区 重庆荣昌高新技术产业开发区

续表

区域	示范区	城市（区）	示范园区
西部地区	四川（自贡—宜宾）产业转型升级示范区	自贡市 宜宾市	自贡高新技术产业开发区 沿滩高新技术产业园区 宜宾临港经济技术开发区 四川江安经济开发区
	贵州六盘水产业转型升级示范区	六盘水市	六盘水高新技术产业开发区
	宁夏东北部（石嘴山—宁东）产业转型升级示范区	石嘴山市 宁东基地	石嘴山经济技术开发区 宁夏平罗工业园区 宁东能源化工基地

2. 全国县城产业转型示范园区名单

序号	县城名称	园区名称
1	河北省正定县	正定高新技术产业开发区
2	山西省清徐县	清徐经济开发区
3	辽宁省黑山县	黑山庞河经济开发区
4	吉林省珲春市	珲春边境经济合作区
5	江苏省沭阳县	沭阳经济技术开发区
6	浙江省长兴县	长兴经济技术开发区
7	浙江省宁波市宁海县	宁波宁海经济技术开发区
8	安徽省天长市	天长滁州高新技术产业开发区
9	福建省福清市	福清江阴港城经济区
10	江西省南昌县	南昌小蓝经济技术开发区
11	山东省郓城县	郓城经济开发区
12	河南省兰考县	兰考县产业集聚区

续表

序号	县城名称	园区名称
13	湖北省仙桃市	仙桃高新技术产业开发区
14	湖南省浏阳市	浏阳经济技术开发区
15	广东省东源县	东源县产业转移工业园区
16	重庆市垫江县	垫江工业园区
17	四川省大英县	大英经济开发区
18	贵州省清镇市	清镇经济开发区
19	云南省腾冲市	腾冲经济开发区
20	陕西省三原县	三原高新技术产业开发区

3. 示范区城市 2019 年主要统计数据

序号	省区市	城市	总面积（km²）	总人口（万人）	地区生产总值			城镇居民人均可支配收入		地表水断面达到或好于III类比例（%）	可吸入颗粒物年均浓度（mg/m³）
					总额（亿元）	增速（%）	人均（万元）	总额（元）	增速（%）		
1	北京市	石景山区	84	55	806	6.9	14.2	76990	8.1	67	43
2		门头沟区	1448	39	249	6.0	7.3	57892	8.8	75	36
3	河北省	唐山市	13472	756	6890	7.3	8.7	42632	8.3	78	54
4	山西省	长治市	13955	340	1652	6.0	4.8	34426	7.5	76	47
5	内蒙古自治区	包头市	27800	290	2715	6.0	9.4	50427	6.4	64	38
6		鄂尔多斯市	86800	209	3605	4.0	17.3	49768	6.3	86	22

续表

序号	省区市	城市	总面积（km²）	总人口（万人）	地区生产总值			城镇居民人均可支配收入		地表水断面达到或好于Ⅲ类比例（%）	可吸入颗粒物年均浓度（mg/m³）
					总额（亿元）	增速（%）	人均（万元）	总额（元）	增速（%）		
7	辽宁省	沈阳市	12860	832	6470	4.2	7.8	46786	6.2	79	43
8		鞍山市	9263	355	1745	6.1	4.8	37756	6.0	33	43
9		抚顺市	11272	211	847	-3.6	4.1	34580	6.5	88	45
10		大连市	12574	599	7002	6.5	10	46468	6.7	81	35
11	吉林省	长春市	20593	754	5904	3.0	7.9	37844	7.0	44	38
12		吉林市	27000	412	1417	1.5	3.4	30140	5.6	83	37
13		松原市	22000	275	730	2.6	2.7	28423	6.4	100	27

续表

序号	省区市	城市	总面积（km²）	总人口（万人）	地区生产总值			城镇居民人均可支配收入		地表水断面达到或好于III类比例（%）	可吸入颗粒物年均浓度（mg/m³）
					总额（亿元）	增速（%）	人均（万元）	总额（元）	增速（%）		
14	黑龙江省	大庆市	21000	272	2568	4.0	9.4	43298	5.4	100	29
15	江苏省	徐州市	11258	1042	7151	6.0	8.1	36215	7.8	83	57
16	安徽省	铜陵市	3008	171	960	3.2	5.9	39256	9.1	100	47
17	江西省	萍乡市	3831	200	930	7.5	3.1	38502	7.7	94	40
18	山东省	淄博市	5965	470	3642	3.5	7.8	45237	7.0	50	56
19	河南省	洛阳市	15200	717	5035	7.8	7.3	38630	7.5	100	62
20	河南省	平顶山市	7882	555	2373	7.5	4.7	34266	6.8	88	59

续表

| 序号 | 省区市 | 城市 | 总面积（km²） | 总人口（万人） | 地区生产总值 | | | 城镇居民人均可支配收入 | | 地表水断面达到或好于III类比例（%） | 可吸入颗粒物年均浓度（mg/m³） |
					总额（亿元）	增速（%）	人均（万元）	总额（元）	增速（%）		
21	湖北省	黄石市	4583	273	1767	8.2	7.2	38725	9.6	100	40
22		襄阳市	19700	590	4813	7.9	8.5	39297	9.9	89	60
23	湖南省	株洲市	11262	403	3003	7.9	7.5	46553	8.6	100	47
24		湘潭市	5006	288	2258	7.6	7.9	38890	8.2	100	48
25		娄底市	8118	394	1641	8.1	4.2	30512	9.3	100	40
26	广东省	韶关市	18400	337	1316	6.0	4.4	32634	7.7	100	29

续表

序号	省区市	城市	总面积（km²）	总人口（万人）	地区生产总值			城镇居民人均可支配收入		地表水断面达到或好于Ⅲ类比例（%）	可吸入颗粒物年均浓度（mg/m³）
					总额（亿元）	增速（%）	人均（万元）	总额（元）	增速（%）		
27	重庆市	江津区			1037	8.6	7.5	39600		100	29
28		永川区			953	9.0	8.4	40093		100	32
29		荣昌区	6287	406	653	9.1	9.1	38362		100	49
30		大渡口区			254	5.3	7.1	41096		100	38
31		高新区									
32	四川省	自贡市	4381	320	1428	7.8	4.9	36622	9.0	67	45
33		宜宾市	13283	552	2602	8.8	5.7	36694	9.6	100	47

续表

| 序号 | 省区市 | 城市 | 总面积（km²） | 总人口（万人） | 地区生产总值 | | | 城镇居民人均可支配收入 | | 地表水断面达到或好于Ⅲ类比例（%） | 可吸入颗粒物年均浓度（mg/m³） |
					总额（亿元）	增速（%）	人均（万元）	总额（元）	增速（%）		
34	贵州省	六盘水市	9914	353	1266	7.5	4.2	33048	8.8	94	24
35	宁夏回族自治区	石嘴山市	5310	80	511	7.0	6.3	33016	8.0	33	36
36		宁东基地	3484	15	464	10.6	42.5	35252	7.3	100	29

4. 示范区建设主要政策文件

（1）《关于支持老工业城市和资源型城市产业转型升级的实施意见》（发改振兴规〔2016〕1966号）

（2）《老工业城市和资源型城市产业转型升级示范区设立管理办法》（发改办振兴〔2016〕2372号）

（3）《东北振兴新动能培育平台及设施建设专项管理办法》（发改振兴〔2016〕2767号）

（4）《关于支持首批老工业城市和资源型城市产业转型升级示范区建设的通知》（发改振兴〔2017〕671号）

（5）《对老工业基地调整改造真抓实干成效明显地方加大表扬激励支持力度的实施办法》（发改办振兴〔2018〕213号）

（6）《产业转型升级示范区建设年度进展评估办法》（发改办振兴〔2018〕320号）

（7）《关于首批产业转型升级示范区建设2017年度进展评估情况的通报》（发改振兴〔2018〕999号）

（8）《对老工业基地调整改造真抓实干成效明显地方进一步加大表扬激励支持力度的实施办法》（发改办振兴〔2018〕1685号）

（9）《关于进一步推进产业转型升级示范区建设的通知》（发改振兴〔2019〕1405号）

（10）《关于首批产业转型升级示范区建设2018年度进展评估情况的通报》（发改振兴〔2019〕1320号）

（11）《老工业地区振兴发展中央预算内投资专项管理办法》

（12）《关于产业转型升级示范区建设 2019 年度评估结果及下一步重点
工作的通知》（发改振兴〔2020〕888 号）

（13）《推动老工业城市工业遗产保护利用实施方案》（发改振兴
〔2020〕839 号）

（14）《关于统筹做好 2020 年产业转型升级示范区建设重点工作的通知》

（15）《产业转型升级平台中央预算内投资专项管理办法》

（16）《关于产业转型升级示范区建设 2020 年度评估结果及下一步重点
工作的通知》（发改振兴〔2021〕866 号）

（17）《"十四五"支持老工业城市和资源型城市产业转型升级示范区高
质量发展实施方案》（发改振兴〔2021〕1618 号）